JN117881

一刀両断

バス釣りの悩みをわかりやすく解決！

菊元俊文

TOSHIFUMI KIKUMOTO

まえがき

バスフィッシングは面白い。初めてバスを釣ってからすでに40数年は経過しているが、自分にとってその面白さは全く色褪せることなく、むしろ加速しているとさえ感じてしまう。

若い読者には想像すらできないかもしれないが、自分がバス釣りを始めた頃には、この釣りの情報などはほんの一握りしかなかった。

ほぼ唯一の情報と言えば、亡父が購読していた総合釣り雑誌にたまに掲載されているバス釣りのグラビア記事であり、雑誌読者からの投稿欄でどこにバスが生息しているかを知るぐらい。ごくわずかなバス釣りの記事を、むさぼるように何度も読んだことを今でも思い出す。

その後、釣具屋さんに飾ってあった、お客さんのバスの釣果写真に東条湖と書かれているのを見て、初めて東条湖へ遠征を決意した。その時は受験生で、親から釣りは禁止されていたのだが、黙って早朝に家を出た。電車、バスを乗り継いで中国自動車道東条バス停で降り、てくてく歩く途中で親切な農家のおじさんに軽トラの荷台に乗せてもらい、東条湖へ着いた時はワクワクした。

たまたま荷台には一緒に乗せてもらった子がいて、同学年のその子はバスを何尾も釣ったことがあるらしく、「レンタルボートで釣りをする」のだという。すかさず僕は残り少ないポケットの中の小遣いで、同船を交渉。僕の初バスは、手漕ぎボートからであった。

それが僕のバスフィッシングの始まりとなった。

今思えば無茶苦茶なタックルだったが、アタリはゴンゴン来た。当時の雑誌からの知識では、ワームではアタリがあってからラインを送り出し、出て行ったラインが止まったらアワセるということだった。だからほとんどは乗せられず、初めて釣ったバスはワーム丸飲みで大出血。間違えた知識で、初めて釣ったバスを殺してしまった。罪悪感を感じたが、それでも初めてのバスは子ども心に嬉しかったことを覚えている。

その後は、亡父に東播野池へ連れて行ってもらったり、自分でクルマの免許取ってからは野池は言うに及ばず、琵琶湖や西の湖、池原ダムにも通うようになった。その頃には、雑誌などによる情報も徐々に増えて、まともな内容にはなっていたかな。

やがて、ショップの常連になりジョンボートを入手してからは釣り大会などを通じて仲間ができて、情報交換するようになった。

池原ダムや琵琶湖では様々なことを学んでいった。特に池原ダムでは、全盛時の1日100尾釣れる時代はとうに終わっていたが、それでも今まで釣ったことがないルアーを積極的に使い、それぞれの操作やアタリの取り方、やり取りを覚えていった。ますますバス釣りに熱くなった。

お金はないけど、釣りへの情熱と体力は有り余っていた頃だった。

その後、ＪＢＴＡ（現ＪＢ）が発足され、琵琶湖でのプロテストを経て、１９８６年に関西での初のプロ戦で優勝デビュー。賞金を頭金にして30馬力のＦＲＰボートを購入したが、おかげで借金の方が多くなった。

この頃はバス関係の雑誌、記事も増えていて、自分も初めてそんな雑誌に取り上げられ、若さゆえに舞い上がった。同時に翌年春まで試合がなかったので、毎週のように一般道で琵琶湖へ通った。「絶対に次の試合でも優勝する」という思いがあったからだ。

その年の秋に、当時花形チームであった東レソラロームチームにスカウトされた。全国のトーナメントに参加し始め、それまでの仕事も辞め、釣りで知り合った先輩の元でバイトして生計を立てた。と言えば聞こえがいいが「バスプロ」という名のプータローになってしまった。

その頃、毎週のように通う琵琶湖で会っていた橋本社長（エバーグリーン代表取締役社長）に、「メーカーを立ち上げようと思うので一緒にやらないか？」と声を掛けていただいた。これがエバーグリーンの始まり。まさに「バス釣り」が本当に生計を立てられる仕事になった時である。

その後はトーナメント活動を続け１９９７年に初代ＪＢワールドチャンピオンを獲得。その数年後にＪＢを引退した。当時は「もっと製品開発、モノつくりに力を入れたいので」とかもっともらしい理由を述べていたが、エバーグリーン所属選手と自分が、試合で争うことの葛藤に耐えられなくなったのが、今だから言える本当の理由だ。

もちろん、試合を引退してからはタックル開発をはじめ、TVやルアマガなどの雑誌、DVDなどのメディアで魅せる釣りに力を入れた。試合ではスコアを作るため、年間争いするためにやっていた釣りは封印し、カバーへのジグ撃ち、映像でバイトシーンが見えるエキサイティングなスタイル、そして日本のビッグベイトブームの先駆けとなる釣りやフロッグゲームなどを啓蒙してゆき、製品つくりにも反映させていった。

最近では、見た目がどう見てもオッサン（失礼！）の釣り人から、「子どもの時、菊元さんの映像を見てバス釣りにはまったんです」とか言われることがしばしばあり、「自分も年を取ったなぁ…」と感じてしまう。

でも、自分が若い時に知り得なかったバス釣りの知識、ちょっとしたコツ、また「バス釣りは面白い！」ということを幅広い世代へ伝えてこれたんだと思うと、ちょっぴり誇らしい気持ちになる。

同時に釣りの啓蒙、マナーやルールを守る模範となること。そして何より大切な命を守ることは伝えていかなくてはならないと、ますます強く感じるようになった。

バス釣りは他の釣りにない面白さ、楽しみ方、スタイルが無限にある釣りだ。

僕には忘れられない「バス釣りの思い出」が数えきれないほどある。

初めて釣ったでかバス。優勝を決めたラスト1投の魚。今まで見たことがない怪獣が目の前でラインを切って水中へ消えて行った光景。

バス釣りを始めて人生が変わった。素晴らしい時間を過ごさせてもらった。

僕は読者諸君にも、これからバス釣りを通じて沢山の素晴らしい思い出を作っていってほしいと、心から願っている。

そのためには知識として知っていてほしいことが沢山ある。

本書「一刀両断」には、一部「菊元的」な独特な考え方も織り込んではいるけれど、自分のバス釣りでの経験に基づいたことしか書いていません。この本で読んだことを試してください。ヒントにしてください。経験を積むこと、試行錯誤すること。そして継続することは力になります。ある時、「あの時書いてあったのはこういうことか！」とか気づくことは、経験を積んだ証。また、「いやいや、俺はちょっと違う釣り方、違う考えで釣れたよ」となったなら、もっと素晴らしいです。それはバスフィッシングが上達したことを示しているからです。

「バス釣りは面白い」。

僕はライフワークとしてバス釣りを続け、いまだに新しい発見することを刺激にし、それを伝えて行きます。

本書を通じて、ますます皆さんの「バス釣りが面白くなる」ことを願っています。

菊元俊文
TOSHIFUMI KIKUMOTO

一刀両断

バス釣りの悩みをわかりやすく解決！

CONTENTS 目次

第2章 タックル&テクニック編 47

第3章 ルアー&リグ編

第4章

「菊元流」上達の心得 編

第1章 シーズナル&フィールド編

バス釣りの悩みをわかりやすく解決! 一刀両断

バスを釣るために一番大切なこと。
それはバスがどこにいるか?
どんな行動をするのか?
そんな悩みに対して、
菊元さんの答えはいつもシンプルそのもの。
「基本となるのは、
春は産卵する浅場、夏は涼しいところ、
秋はエサ、冬は暖かいところ」。
ビギナーならずとも必ず胸に刻んでおきたい、
不変の法則だ。

一刀両断

Q

春の釣り

産卵期のバスの動きを理解する

春に向けて動き出す「でかバスのサーチ法」について知りたい。

春になるとバスは産卵のために浅場へと向かう

春はスポーニングというバスにとっての一大イベントがあります。

なので、スポーニングに入る前のバスのポジションを季節のずらし加減から推測し、試していきます。

「通り道」と「止まる場所」がキーワードです。

バスのポジションは、深場からだんだん浅くなり産卵を頂点にして最も浅くなり、産卵後はだんだん深くなります。

王道的なのは、バスがスポーニングフラットエリアに上がる前に一時的に止まるコンタクト場を探すことです。

グーグルマップなどで地形を見て推測するのは極めて有効なやり方です。

例えば、あるワンドでスポーンすると仮定したら、その入り口の岬からワンドに入って一つ目のでっぱり（セカンダリーポイント）はバスが止まる典型的な場所です。

そんな場所は決まってハードボトムになっています。リザーバーなどでは、そんな場所は典型的なバスのコンタクト場。

セカンダリーで反応なければ、季節感を戻して入り口の岬の深場をチェックし直します。

自然湖で目に見える場所では、大きな湾の入り口にある消波ブロックの一文字などはバスがそれに沿って動き、その角や水中のでっぱりなどはコンタクトする確率が高いスポットになります。

あるいは、深場から溝状にえぐれてシャローに続く場所の最もフラットに近いハードボトム、もしくはグラス（水草）などもバスが産卵に上がる前にコンタクトして止まる典型的なスポットです。

自然湖なら漁港のミオ筋などでにあたるので、そのような場所を探します。

プリスポーンで使うのはサスペンドジャークベイトやテキサスリグ、グラスがあればジグヘッドリグやスイムジグなども有効です。

また、リザーバーなどでは産卵行動に向かう前の早い時期、暖かいまとまった雨が降れば、濁りと共に渓流魚などが上流から落ちて来てバックウォーターが爆発します。

僕はこの暖かい雨でバックウォーターの水温がメインレイクより上回る現象を「甘い水」と表現します。

この場合のキーワードは産卵より捕食です。

食い気のあるバスはヘッドシェイカーやプロップマジックのただ巻きが効きます。根がかり回避ならヘッドシェイカー。フッキング優先ならプロップマジックと使い分けます。どちらもエサを食いたいバスには強烈に効くルアーです。

でかバスが強烈に反応するのは12インチボウワームネコリグです。

また、早春で水が多い時には、プリのでかメスがベッドに入る前にカバーに陣取ることがあります。

そこにジグを滑り込ませて釣るやり方は僕が最も得意とする釣りです。使うのはキャスティングジグ3／8～1／2オンス。トレーラーはキッカーバグ4・5インチです。食ったらほとんどがでかいです。

水が少なくてカバーがほとんどない、シャローカバーにいない。さらに透明度高ければ、ファーストブレイクを意識してジャークベイトやフラットサイドクランクなどが有効。

スローだと判断すればC－4ジグ＆アントライオンやジグヘッドリグのミドストを試します。

またメインレイクでもヘッドシェイカーのノーシンカーリグ、ウエイテッドフックリグなどの巻きは効きます。

濁りがあればジャックハンマーやクランクベイトを使います。

また、**水の色が急激に変わるところは水温が変化する場所**で、ベイトフィッシュ及びバスを引き付けます。こんな場所は春先には特に強烈なパワーを持っています。

一刀両断 A

産卵を想定した移動ルートをチェック。そこがダメなら冬スポットをサーチ!

一刀両断

Q

春の釣り

高水温期に考えておくべきこと

夏にバスがいやすい場所、レンジ、水温などを教えてください。

夏に快適な場所を思い浮かべてみよう

夏のバス探しのキーワードはズバリ「涼しいところ」です。

それに加えて、これは一年中言えることですが「エサがいるところ」です。**特に水温が高い夏はバスの代謝が激しくなるので、エサをより欲します。**

それでは涼しい場所をいくつかあげてみます。

朝まずめの涼しい時間帯はバスが表層に浮いているフィーディングタイムなので、トップウォータープラグや表層系ルアーなどのチャンスタイムとなります。

太陽が上がったら、やはりバスはもっと涼しい場所を好みます。

狙うレンジを下げ、水温が下がるレンジ（水温躍層・サーモクライン）やその下のレンジまでルアーを落として対応するのが定石です。

ライトリグを2~4メートルまでフォールさせるのは夏によく釣れるやり方です。もっとディープにベイトがいるならば、フットボールジグなどもよいでしょう。

涼しい場所は地形でいうと、川やリザーバーではインサイドベンドより、曲がり込む外側のアウトサイドベンドの方が水当たりがよく、涼しい場所となります。自然湖ではワンドより岬や沖のチャンネル沿いです。

人間が同じ気温でも風が当たると涼しく感じるように、**流れ(水の動き)があるとバスも涼しく感じているはずです。**

流れがある場所の代表は、リザーバーならバックウォーターになります。メインレイクが水温30度あってもバックウォーターは20度を切ることもあり、涼しい場所になります。ベイトフィッシュがおれば、それを狙うバスも必ずいます。

また、上流域で水色が変わり、浮きゴミ溜りなどがあるところは、水温の変わり目となり、ベイトもバスも集まる場所になることが多いです。

流れでは雨後の流れ込みもいい場所です。多くの場合濁りとクリアの境目(マッドライン)を作り、ベイトとバスを引き寄せます。

涼しい場所はメインレイクではアウトサイドベンドの他には、水が当たって巻く岬。岬はシャローからディープまでが近く、バスが行き来しやすい地形です。

シェードは夏バスにとって憩いの場

それとシェード（影）です。**縦のストラクチャー（橋脚など）やカバー（長いウィード）のシェードは夏にバスが着きやすい場所です。**

シェードもワンド奥とかではなく水通しがよい場所の方がバスのサイズがよいです。

また、型は選べませんが、特に広葉樹が作り出すシェードは上から昆虫などが落ちてくるので、それを狙ったバスが待ち受けしやすいです。

自然湖などでは湧水がある場所は夏は冷たく冬は暖かいので、よい場所です。湧水は魚探があれば斜めの線として画面に表示されます。

またグラス（ウィード）がある場所はシェードを作り出すだけでなく酸素を供給し、様々な生物の隠れ家となるので当然、夏もよい場所になります。

浅い自然湖、池などで水面を覆うヒシ藻などはフロッグやパンチングなどで狙うのによい場所です。

水温については夏の場合、急激に上昇するとタフ化することが多いですが、大雨などで急に下がっても、適水温を下回ることはまずなく、それより濁りによる影響の方が大きくなります。涼しい場所の中でも、流れが当たる岩盤にブッシュがありシェードを形成するなど、**複合要素がある場所の方が絶対によい場所**と言えます。

そこにベイトフィッシュやエビなどを発見するか、ボイルを目撃したりすれば、バスが釣れる確率はかなり上がります。

一刀両断 A

夏バスは「涼しくてエサのいる場所」をねらえ！

一刀両断

Q

秋の釣り

広く散らばった
バスの見つけ方

「巻きモノ」の秋と聞きますが、菊元さんが使いたい巻きモノルアーやほか秋に効くルアーは何でしょう？

秋のバスはエサを追って広範囲に散らばっている

秋はバスがシャローでもディープでも過ごしやすいので、キーとなるのはベイト。そして、**広範囲を早く効率的に探すために、ルアーは巻きモノとなります。**

また、**バスの食べるエサもエビ類からベイトフィッシュになっていく傾向**なので、横に移動する動きに反応しやすくなります。

これが秋に巻きモノが効く理由です。

僕が使いたいのは…記録狙いではもちろん、バラムになります。物凄い食い方をするジャイアントベイトです。

ただ、毎年の秋にはバサーオールスターというビッグトーナメントがあり、例年出場している菊元的には霞ヶ浦、利根川水系で釣りをする機会が多くなるので、その水系で使いたいルアーを中心に話しします。

まずはスピナーベイト…基本はDゾーン3/8オンスです。速く巻きたい時はダブルウィロー。ゆっくり巻きたい時はタンデムウィロー。さらに速く探りたい時は1/2オンスダブルウィローを使います。

Dゾーンでは動きが強すぎると感じたSRミニの3/8または1/2オンスにチェンジします。1/2オンスは速く巻きたい時です。

スピナーベイトは、ショアライン全般、石積み、キンチャク（割石を入れた袋状ネット）など根がかりしやすい場所を効率よく探れます。

また、杭などに当ててヒラウチさせるのもバイトを生んでくれます。風が当たるショアラインなどは最高です。

スタックを心配しないで済む場所ではジャックハンマーを使います。3/8オンスと1/2オンスがメインです。

トレーラーはちょい深いレンジではツインテールリンガー。もっと浅いレンジや、同じ水深をゆっくり引きたい時はヘッドシェイカー4インチと使い分けます。

ヘッドシェイカーは、ジャックハンマーの振動がギリギリ伝わるほどのスロー巻きでもテールが振られてアピールします。チドリやすいのはツインテールリンガーで、ここぞという食わせたい時にジャークや巻くスピードを瞬間的に上げチドらせます。

クランクは基本がワイルドハンチです。速巻きでも真っすぐ引けて、安定した控えめな動きが霞水系にベストマッチします。1メートル以浅ならワイルドハンチSRを使います。両方とも、冷え込みなどタフな時に威力をより発揮するクランクです。

風が強く濁りが入ればより動きが強い、コンバットクランクシリーズの出番です。なかでもシャローホグは、強風下でもコントローラブルでストレスなく正確に狙うことができて、大物キラーでもあります。

今まで述べたハードベイトが強過ぎると感じた時はヘッドシェイカーのノーシンカーリグやウエイテッドフックリグ、テキサスリグを巻きたいです。リグの使い分けはレンジとスピードの差。

引っかかりやすいキンチャクもストレスなく攻められます。霞水系では4インチ、利根川では5インチがメインになります。

エサを食いたいモードのバスには、ヘッドシェイカーの巻きが効きます。

もっと弱く巻きたい時、言い換えればアピールを落として巻きたいならバスエネミー4・5インチのライトテキサスリグでのスイミングです。とにかく引っかかりやすい場所を引けます。

また、風やローライトなどの巻きモノに必要な要素が無くても、口を使わせやすいのもいいなと思っています。

そのほか、**巻き以外ではやはりカバー撃ちです。**カバージグではカバークリーパー&アントライオン。

2018年WBSジャパンオープンで自身のウイニングベイトとなったこの組み合わせは、秋には絶対にボートデッキには積んでいると思います。

一刀両断 A

効率的にバスを探せるスピナベ、チャター系、クランクに、ジグをプラス。

一刀両断

Q

冬の釣り

寒冷期への
準備と意識

冬の釣りが苦手です。どう克服したらいいですか？

まずは防寒、早起きですな

当たり前ですが冬は水温が低下するので、変温動物であるバスは動きが鈍くなり、釣りにくくなります。アタリが恋しい季節です。

冬でもバスを釣ろうと思ったらまずは防寒対策が第一です。

僕は仕事柄いくら寒くても釣りに出ますが、現場で見かける釣り人は、楽観視し過ぎた服装できていることが多いです。寒いと感じたら集中力が持続できません。ましてガタガタと震えがきたら釣りどころではありません。充分な防寒対策を取ってください。

インナーはヒートテックのように安価でも暖かいもの。アウターはちょっと高価ですが、EGホットスーツが最高に暖かいです。とりあえずアウターは、最低限風を通さない素材のものを選びましょう。

また、フリースなど中着を重ね着すること。足元も、防寒ブーツなどが必須です。寒がりの僕は貼るタイプのカイロを、太ももの内側、腰、背中、両肩に貼ります。さらにアウターのポケットに貼らないタイプのカイロを入れてハンドウォーマーにしています。お腹が弱い方はお腹に貼るのもいいです。防寒が完璧なら冷たいのは顔と指くらいです。貴重なワンバイトをものにするために、防寒対策をしっかり取って集中力を持続しましょう。

さて肝心の釣りですが、**冬でも朝まずめはチャンスタイムなのでまず早起きすること。**

朝は体を温めるために巻きの釣りから入るのも僕がよくやるやり方。クランクベイトや巻きシャッド、サスペンドジャークなど運動量が多い釣りで体を温めます。

メタルバイブやジギングスプーンなどのシャクリも体が温まると同時に、リアクション要素が高く冬には特に効果的な釣りです。

そんなハードベイトの釣りが、冬に効く比較的速い展開の例です。

ワームやジグの釣りならスローに丁寧にやるのが基本。

カバー撃ちでもハイシーズンのように入れて着底、ワンアクションでピックアップではなく、引っかかりを感じたら止めたり、誘う時間を長く意識します。ラバージグは特に止めを意識してください。

暖まりやすい場所はどこか？

狙い目としては冬のセオリーは「暖かいところ」を狙うこと。北西の冷たい風をさける面や日当たりがよく長く暖まる面などを意識します。

また日光で暖まりやすい黒っぽい岩盤や陽だまりのゴミだまりなども狙い目。日向にある日陰、カバーは特にいいです。

陸っぱりなら、絶対的に魚がいる温排水が流れ込むエリアがおすすめ。こういう場所は冬でも青々としたウィードが残っていたり、ベイトフィッシュが表層で目視できたりします。温排水エリアでは冬でもトップの釣りやサイトフィッシングが成立します。

また、天候の変化はチャンスです。

暖かく静穏で晴れた日は釣りがしやすいですが、むしろそんな日ほど急に風が吹いて来た時はチャンスタイムです。

逆に冷たい強風が吹きつける日は、一瞬穏やかになって陽の光が差すタイミングで一気に食いが立ったりします。

僕は、そんな天候の変わり目で魚が一気に動くのを目視したり、アタリが頻発したことを冬場に何度も体験しています。

そういったタイミングを逃さぬよう、寒く感じることがない服装、防寒対策をしっかり取って冬のバス釣りに挑んでください。

ハイシーズンにいっぱい釣れるのも楽しいですが、冬の貴重な一本は格別の価値がある魚です。

A 一刀両断

基本は暖かい場所を狙うこと。そして天候の変化に素早く対応できる万全の準備を。

一刀両断

Q

シーズナルパターン

季節のズレへのアジャスト法

最近の天候不順、異常気象もあり、従来のシーズナルパターンがズレていると思います。その見極め方は何でしょうか？

近年は季節のズレを感じることが多い

季節感のズレは僕自身もここ数年ずっと感じているし、周りからも多々聞くことです。初春でも暑かったり、初夏でも寒かったり、とんでもない大雨に見舞われたりするのは地球温暖化の影響があると言わざるを得ません。

僕の場合、プライベートでもロケでも釣りに行く場合は、事前に自分のブログのアーカイブをよくチェックします。ほぼ毎回自分の釣りの様子を書いているからです。

これは本当に役立っています。釣りの日記などを書く習慣をつけておけば、それは未来の大きな財産になるので、今すぐにでもおすすめします。

もし、自分のそんな情報がないならば、**釣りに行く場所のＳＮＳなどをチェックする**ことで、水温、水位、濁り具合、釣れているルアーなどがある程度分かります。ボート屋さんなどのSNSでそれらはある程度知ることはできます。

僕の場合は、自分のブログのアーカイブから同じ釣り場で昨年やその前の年の同時期の水温や釣れていたルアーなどをチェックします。水温はあくまでも目安ですが、上昇するシーズンでの急激な下降などは苦戦の原因となることが多いです。

また、釣れていたルアーなどでその時の魚のポジションなどを思い返すことができます。

僕の言う最も簡単なシーズナルパターンは「春は浅場」「夏は涼しいところ」「秋はエサ」「冬は暖かいところ」となりますが、実際に釣りに行った時は、もう少し細かい「季節感」、「季節のずらし加減」から魚を探します。

「桜が散るころにスポーニングが始まる」とか「稚魚ボールが見られるようになればトップが効きだす」とか自分なりの基準を持って居れば季節感のズレに対応しやすくなります。

それと何よりも重要なのがエサです。これは四季を通じてキーとなります。シャローを釣るなら目視できるエサがバスの居場所を教えてくれます。

例えば、ヌマエビなどの小型のエビボイルやテナガエビの接岸は、狙うべき場所やルアーなどを教えてくれます。テナガエビ釣りの人の竿が短くなればテナガ接岸のサインです。

リザーバーなどで春から見られるアユボールや夏のカマツカの群れは近くにそれを狙うバス

が高確率でいる証拠。同じストレッチやスポットを狙うにしてもこのようにベイトがいてこそ、風やローライトなどの気象変化が活きて、バスの活性を著しく高めてくれます。

霞ヶ浦のようにマッディなフィールドでも、よく観察するとびっしりとゴリやエビが付く消波ブロックやジャカゴがあり、高確率でバスをストックします。

また、晩秋などにワカサギ釣りの釣り人が頻繁に釣りあげている場所は、巻きモノが効いたりします。同様に晩秋の川での落ちアユなどもビッグベイトやスイムベイトが効くサインとなります。

このようにベイトとなる生き物やほかの釣り人の動きを観察すると、バスにつながる大きなヒントを得られやすくなります。

例年と水温や水位が少々変わっても、ベイトがいる場所がバスの居場所を指し示してくれます。季節感のズレを感じても、その時、バスが何を最も好んで食っているかを推測し、探して行くことが、結果としてバスを釣る早道となります。

A 一刀両断

不動のキーワードは「ベイト」。それを狙う釣り人からもヒントが得られる。

一刀両断 Q

フィールド

初場所での心がまえ

初場所に行ったらまず、なにを見ますか？

釣り場へ行く前に地形を調べておこう

僕は初めての釣り場に行ったら…というより行く前にその場所の地図を見ます。マップが入手できなくても、今はグーグルマップがあるのでそれで大まかな地形や規模を把握します。

そして大きく曲がるアウトベンドや流れ込み、ワンドや岬などの地形変化を見て、季節に合わせて行きたい場所をイメージします。

グーグルマップでは航空写真も見られるので緑が多い場所や護岸なども大体の感じで掴むことができます。また水の色の変化などで浅瀬などもある程度分かります。

しかし、実際に初場所へ行ってみると、増減水があったり、濁っていたり、川やリザーバーなどでは氾濫、大水などで地形や障害物が変化しています。

なので、**頭の中の地図のイメージとの差異を感じることを心がけます。**

実際に釣り場に着いて準備したら、ルアーを事前に結んでいても水位や透明度などでメインにすべきルアーを結び変えたりします。水色によって、違うカラーに結び変えたりします。

また出船する前にスタート地点の水温を計測することが僕のルーティンです。これは初めての場所でなくてもすることです。

その場所を起点にして水温の変化する場所を意識します。**水温は使用するルアーを決める目安にもなります。**

また、初場所での試合では、プリプラクティスなどで魚探をかけて沈みモノや水中の地形変化を探したりしますが、取材やロケではそんなことをしている時間がないので、釣りはシャローが中心になります。

地図でアタリをつけた岬、ワンド、ベンド、フラット、流れ込みなどの目に見える障害物や地形変化などを攻めることが多いです。実際に見ることで地図でのイメージとの違いを修正して行きます。

このように僕は初場所ではシャローから、を基本にしているので、**意識するのはベイトフィッシュの存在と水の色です。**

ベイトフィッシュが水面でもじったり、あるいはボイルが見えたりしたら、シャローの釣りが成立する確率が大です。

あるいはバスそのものが見えればさらにシャローはいいです。

濁っていてバスが見えなくても、石積みや護岸、あるいは沈んだ枝などにエビやゴリなどを確認できれば、そのストレッチには釣れるバスがいる可能性がかなり高まります。なので、目で見えるベイトを探します。

水の色も同様にバス探しのヒントになります。

ロッドで水面をかき回してみていつまでも泡が消えないエリアは極力パスします。また、普段クリアな場所が笹濁りになっていればチャンスと考えます。

リザーバーなどでは、バックウォーターを遡って行くとよく流木溜りや浮きゴミ溜りを見つけることがあります。

このような場所の多くはその浮きゴミを境目にして濁りとクリアの境目となり、水温が大きく変化する場所になっています。水温変化とフローティングカバーは多くの場合、ベイトフィッシュとバスを集めるキーとなる場所になることが多いです。

高水温期ならそこを起点として上流部を。寒くなってくるとそこより下流部、一つか二つ下がったベンドの地形変化を探します。

初場所はイメトレから開始して現場でイメージ修正。水温、水色、ベイトを探すのが僕の基本です。

一刀両断

A

釣行前はマップの確認、現場では「水」を見る。

一刀両断 Q

フィールド

ターンオーバー
攻略術

ターンオーバー時の魚の探し方、食わせ方を教えてください。

水のいいスポットを探すことがターンオーバー攻略の第一歩

ターンオーバー(水温の低下などの影響で、上層と下層の水が入れ替わる現象)している時は、少しでも**ターンの影響がない場所を探して釣ります。**

ターンオーバーしているかどうかの判断は、ロッドティップで水面をかき混ぜていつまでも、泡が消えない、水が粉粉している。あるいは水が臭いなどで判断します。また、ボートの航跡がアワアワになっているとターンオーバーを疑っていいと思います。

そんな時は、フレッシュな水が流入しているインレット(バックウォーター含む)やリザーバーならダムサイト付近の放水で水が動く付近も狙い目です。

また、消波ブロックや水棲植物などでプロテクトされて、悪い水が入りにくいシャローのストレッチやスポットを探して行くのもよいでしょう。アシには浄化作用があり、アシ奥のポケットなどはいい水が残っていることが多いです。

また、魚探で湧水を探すのもよい方法。

湧水は画像に斜めの線となって表示されます。そこに良質のグラス（水草）があればさらによしです。もちろん、そういった場所でベイトの生命反応が得られたら、かなり有望になります。

エサとなる存在は、かなり重要です。

僕はターンオーバーだと感じたら、釣る前にロッドで水面をかき混ぜて泡の消え方を見て、**少しでも水がよい場所、そしてベイトが確認できる場所を釣るようにしています。**

特に水の状態がよく、ターンオーバーの影響を受けていない場所を探すことができなかったら、リアクションバイトを期待した釣り方を試みます。

一定の動きから変化する動きで誘う

特にターンオーバー時は、**「一定の速度、動きからの変化する動き」**がバスに口を使わせることが多いと感じます。典型的なのがスピナーベイトのカバーやボトムヒットによるヒラウチです。

また、スピナーベイトやクランクベイトのドラッギングもかなり有効です。一定速度で一定レンジを泳いでいたルアーが根がかりして外れた瞬間などは、最高のリアクションバイトのチャンスになります。

これはジグやテキサスなどでも有効で、ホントに根がかりしてしまいそうな状態から「パシッ！ パシッ！」とハングオフの動作を繰り返して、苦労してやっと外れた直後にバイトがくることが非常に多いです。

おそらくバスは根がかかったルアーをずっと凝視しており、それが急激にジャンプしてフォールする瞬間に思わず口を使うのです。

一か所から移動しないモノが急に飛ぶ動きに思わず反応。これが典型的なリアクションバイトです。だから、意識的に半根がかり状態を作って上手く外す動作ができるようになれば、ターン時やタフ化した時に、よく釣るアングラーになれます。

クランクベイトでもボトムに当たった瞬間、リーリングを止めて浮かせるのではなく、逆に「グリグリッ！」と早く巻いたりジャークを入れたりするのはターンオーバー時のみならず、普通に巻いて食わない時に口を使わせるリアクションバイト誘発術です。

このように、ボトムや障害物へのヒットで発生する2次的なルアーのアクションを多用します。また、中層でもリーリングスピードに急激な変化を入れたり、ジャークを入れることで、この2次的なアクションを引き出すことも可能です。

ターンオーバー時は少しでもよい水、ベイトの存在、そしてリアクションを意識してみてください。

一刀両断 A

ベイトのいる水のよい場所とリアクションの要素がターンオーバー攻略のカギだ。

一刀両断

Q

フィールド

カバーゲームの上達法

無数のカバーがあるとどこから攻めていいのか悩みます。

カバー攻略にはキャスティング技術が欠かせない

無数のカバー。

どれがいいカバーかの見極めは最初は難しいですね。では、どうするか？ **作戦は全部、撃つこと。正確に入れる練習になるからです。**

カバー撃ちは精度が命。

透明度や水深、カバーのヘビーさの度合いで「間合い」やプレゼンテーションの距離感、キャスト法も変わってきます。

「ここからここまで」と撃つストレッチを決めてもいいでしょう。とにかく、自分が思っている距離感やキャスト法で正確に撃てるようになるまで、撃ち続けてください。

「下手な鉄砲も数撃ちゃ当たる」と言えば言葉が悪いですが、撃ち続けなければ、正確に入れられないことも事実です。

正確に入れ続ければ、いつか釣れます。それは撃つ技術が上達したということ。

釣れた「結果」から釣れた「理由」を紐解く

そして、釣れて初めて「なぜ釣れたのか？」「釣れた距離感はどうだったのか？」「他のカバーとどう条件が違ったのか？」を考察して仮説を立てていってください。

いわば、演繹法ではなく、出た結果から何が正しかったのかを推測していく帰納法です。

ルアーが合っていて、プレゼンテーション（カバーに応じたキャスト法、入れる角度やスポット、間合い）が合っていてたから釣れた。

だから**似た条件を探して再現できたら、それがパターンです。**

とりあえず、正確に投げ入れられる技術を身に着ける練習が大切です。

それでは答えになってないと言われそうなので、いいカバーの条件のヒントをいくつか徒然なるままに。

そこだけが周りより深いニアディープのカバー。そこだけ凹んでいるか、出っ張っている。

同じように見えるリーズやブッシュでもそこだけボトムが硬い。カバーの始まり、あるいは終わり。リーズとヒシ藻、リーズとガマ、ヒシ藻とウキシバなど異なる植物の境目。

フローカバー（木くずや枯葉などの浮きゴミ）でも流れ込みなどの違う要素が絡むこと、または水温の境目にできるフローカバー。流れが当たって、反転流を作るブッシュやレイダウン(倒木)。倒木なら浅場から深場まで長く深く浸かっていること。

今まで挙げたよいカバーの条件のキーになるのは、「変化と複合要素」。

いいブッシュに見えても、それがある場所や周りが浅すぎると、減水時などにはバスは入りにくいです。そのブッシュはそれ自体がある場所がたとえ浅くても、すぐ近くにブレイクを控えていたり、(時間帯により) シェードを形成していたり、流れを受けていなして、ヨレを作っていたり、複合的要素がある方がよい傾向があります。

逆にすごくしょぼく見える垂れ下がった枝やツルでも、その周辺に何もないプアなストレッチなら、見た目はしょぼいけどスーパーなカバーになることもある。

要は周りとの兼ね合い、対比です。

また、釣った経験が複数回あるいいカバーでも、その時の季節や水位で全然、ダメなカバーになることも多々あります。

カバー最奥の難攻不落なスポットに入れれば、いとも簡単に食うバスもいるが、枝の先端に浮いているでかバスもいます。

要はその時バスがいるいいカバーでも、バスの付く場所は変わるものです。

最初は全部撃つ。

キャストが上手くなれば釣れることでヒントが分かる。

それからカバーの良し悪しの判断をして、その場その状況を判断して撃つべきカバーを絞って行けるというのが一連のステップでしょう。

一刀両断 A

まずは全てのカバーを撃つ。釣れたらなぜ釣れたかを考える。

一刀両断 Q

フィールド

川の流れへの対処法

ホームが川なんですが、岩が多く流れもあるためルアーをロストしがちです…。

川の流れを観察できていますか?

ワームを中心に使っていませんか?

川は流れがあるので、流れにラインが持っていかれ岩などに挟まりやすく、根がかる確率がどうしても高くなってしまいます。

流れでルアーよりラインが先行して岩の隙間に挟まり、それに導かれるようにシンカーが挟まると外れなくなってしまいます。

対策のひとつは、クランクベイトのようにリップが先に岩に当たってかわしてくれるルアーを使うこと。

こちらのほうがテキサスリグなどより、はるかに根がかることが少ないルアーです。

ある程度長いリップでガードの役目をしてくれるクランクが、ボトムの感触も分かりやすくおすすめです。

また、流れがある場所では**流れを観察することが大切です。**

真っすぐ早く流れるところ。浅い瀬。大岩のような障害物で、流れが反転したりヨレたり止まったりするところ。また落ち込みや深い淵など。

バスがどのような場所でエサを待ち受け、どこに追い込んで食うのかを推測します。

流れが速すぎる場所ではバスは長い時間ステイすることはできません。全力でヒレを動かし続けないといけないからです。

バスがステイしやすいのは流れのヨレです。

エサを求めて回遊しやすいのは、浅く流れが

弱まるインサイドの瀬などです。食うために追い詰めるのは、これ以上小魚が逃げられない水面または浅瀬などです。

トップウォータープラグで水の流れを読む

これらの流れの変化を知るのに手っ取り早いのがトップウォータープラグです。トップを投げて速く流れる場所、止まる場所、逆に巻くようにゆっくり流れる場所を見つけます。

特にハイシーズンは強烈なカレント（流れ）の脇のヨレは、でかバスが好んで着く場所です。トップで、バスが待ち受けてステイする場所や通りやすいルート、食うために追い詰める場所などに目星を付けます。

ルアーはそのままトップウォータープラグを使ってもいいですし、表層を引くビッグベイトやスピナーベイトやスイムベイトもいいでしょう。

根がかりが怖いならスピナーベイトやスイムベイトはルアーが目で見える表層を引きます。ワームでやるなら軽めのネコリグやジグヘッドワッキー、高比重ワームのドリフトもお薦めです。ドリフトする時は流れに持っていかれすぎず、流れがヨレる場所では適度に止まってくれるウエイトを選ぶことが重要です。

また**適度に根がかる場所があることも重要**です。ラインの張り過ぎ、出し過ぎに注意しながらワームが適度に止まり、適度に引っかかる場所はバスがステイしやすい場所です。

引っかかった感触があればロッドをむやみに強くあおらず、少し緩めたラインを「バシュッ！」と瞬間的に張るハングオフの動作をします。手首や肘を瞬間的に使う動作です。

僕はロッドのグリップエンドを掌で叩く動作で、ハングオフを高い確率で成功させています。一か所でシェイクされていたワームやジグが外れた瞬間、速い動きで飛んでリアクションバイトを誘ってくれることも多いです。

このハングオフの動作が上手くなればルアーロスト軽減とバイトチャンス増大という大きなメリットが得られます。

一刀両断

A

まずはトップでサーチ。クランキングやドリフトもいい。

第2章 タックル＆テクニック編

バス釣りにおいて、タックルの選び方や
身に付けるべきテクニックは幅広い。
ビギナーや初心者にとって迷いがちな急所だ。
道具選びも釣りのスキルも基本が大事。
菊元さんは言う。
「自分の力量を正しく知ること。
そして練習すること。
そうすればできることが
一つ一つ増えてくる」と。

バス釣りの悩みをわかりやすく解決！
一刀両断

一刀両断

Q

タックル

ルアーカラーセレクトの方法論

ルアーカラーの選び方の基準を教えてください。

アングラーにとって見やすい色を選ぶ理由

ルアーカラーの基準は、いろいろな考え方があります。**僕は釣り人の都合優先か、水色やその時バスが食っているベイトなどに合わせるかでルアーカラーを決めています。**

まず釣り人の都合というのは、特にトップや浅いレンジで見やすいカラーを使うことです。ビッグバイトチャートなどのハイビズ(高視認性)なカラーは、自分の投げたルアーがどこにあるかを視認しやすいです。

さらに、ここで止めたい、ここで誘いたいというアクションをつけやすくなります。それが最大のメリットです。

また、**色で水深も把握できます。**

見やすい色なら、例えばワームが着水後、即着底してしまったからここは浅すぎるとか、こちらは見えなくなるまで沈んだので深いな…と水深が分かります。濁った場所でもチャートなど目立つ色を使うと分かりやすいです。

ジャークベイトでもルアーが見えるとジャークが上達します。なぜなら、ルアーの挙動が把握できて、正しいロッドワークが覚えられるからです。

以上は、僕が見やすいカラーを多用する理由です。

バスの好みに合わせたい場合は、水の色やボトム、周りの色にルアーカラーを合わせるようにします。

ベイトフィッシュの多くは、体色が保護色になっています。ワームなら、ウィードが青々としていたらウォーターメロンだし、濁ったカバーならグリーンパンプキン。

また、特定のベイトをバスが食っていると判断できたら、ベイトにルアーカラーを合わせます。アメリカザリガニが偏食されていたら赤系のクランクやワーム。ワカサギならずばりワカサギカラーや、フラッシングするもの。テナガエビなら、エビっぽいリバーシュリンプカラーなど。イナッコ食べているな…と思ったらシルバーや白系などのスピナーベイトやクランクなどを選びます。

これらのカラー選びはマッチ・ザ・ベイトという考え方です。

また**カラーには、強弱という要素があります。**

クランクならブラックバックチャートやブルーバックチャートは、抑揚の強いカラーと言えます。ワームやジグなどでは、濁っても深くてもよく見えるブラックやブラック&ブルーなどが強い色です。

アピールさせて目立たせるか、その時のバスのエサに合わせるかはアングラーのスキルとセンスです。

自分が「好きな色」は自然と「釣れる色」になる

ひとつ言えることはルアーごとにある**「好きな色」はよく釣れます。**これは釣れるから好きというケースが多く、逆に言うと多用するからよく釣れるという図式です。

自分なりの実績カラーがない、少ないというのなら、そのフィールドでの実績カラー、好きなプロアングラーが実績を挙げているカラーでもいいです。

特にご当地カラーは、その場所の水色やベイトに合っていることが多いです。

また**おすすめしたいのは、釣れた時こそカラーチェンジ。**

釣れるというのはそのルアーのボリューム、動きが合っているということ。釣れた時にカラーを変え、それが合っていると、ストライクがより深くなるうえ、ワンモアキャッチが期待できます。

釣れない時にルアーカラーを変えるより、釣れた時のほうが気楽に変えられます。何よりルアーカラーによるバスの反応の変化を体験できる、貴重なチャンスです。

一刀両断 A

ルアーカラーはアングラー主体か、バス主体かで変わる。好きな色こそ釣れる色。

一刀両断

Q

タックル

シンカーウエイト
選択のコツ

シンカーの重さの使い分けを教えてほしいです。

正しいウエイトチョイスが釣りの効率をUPさせる

テキサスリグやリーダーレスダウンショットリグなどでのシンカーの重さを選択する基準は、**効率のよさを優先**します。ラバージグも同様です。

例えばカバーを攻めるなら、カバーの濃さに応じて突き破りやすさ、入れやすさから判断します。もしヒシ藻や流木が絡んだ浮きゴミなどで、3／8オンスでは3回に2回しか突き破れないなら、すべてのキャストで突き破れる重さに替えます。

ただカバーでもブッシュ系などでは、重すぎれば着水音が大きくなったり、フォールが速すぎて食わない場合は、いかに貫通性能がよくても効率が悪いと判断して、5グラムや時には3・5グラムなどに変えて**「食う確率が高い」効率のよさ**を優先します。

またオープンウォーターで「ボトムの硬さや障害物を感じたい」場合は、自分がボトムを感じられる重さのシンカーやラバージグを選ぶことが基本です。

それはアングラーのスキルが高くなるほど、またタックルセッティングが決まるほど、軽いシンカーでボトムを感じられることを意味します。

軽いシンカーやラバージグはスローな食わせに向いていますし、根がかりも減らせる効率のよさがあります。

半面、軽いシンカーを使うほど風の影響を受けやすかったり、手返しがスローになります。

「もっと早くフォールさせて手返しよくディープを攻めたい」、「スピーディーなメリハリのあるアクションで、食い気のないバスをリアクションバイトさせたい」などという場合は、逆にシンカーを重くします。

フットボールジグやキャロライナリグではその傾向が顕著です。

また**バスがサスペンドしている場合はスローに落とす**ことも大事です。

しかし垂直に見える岩盤などで、直接見えない深いレンジにあるテーブル状の張り出しへリグを的確に乗せるためには、軽いウエイトではうまくその場所に引っかからずスルーしてしまいます。

そんな時はシンカーやジグを重くすることで張り出しにリグをうまく乗せられるようになり、

釣りの効率が高まります。

僕は、フットボールジグなどでは特に途中でフォールが止まる引っかかり＝張り出しを探すために、1／2オンスクラスを基準に重さを変えていきます。

また、シンカーの重さ選びの基準として、浅い＝軽いというのは間違いではないのですが、時にはノーシンカーリグよりも、フットボールジグやヘビーテキサスリグの早いフォールでのリアクションの釣りが圧倒することもあります。

さらにカバー撃ちでは、**自分の持っているタックルで投げやすい＝正確に撃ちやすい、重さのワームとシンカーあるいはジグの重さの基準を持つ**のは物凄くいいことです。

自分のスキル、タックルに合わせた基準を決める

当然それは、タックルバランスやその人の体格、パワー、スキルによって異なります。でも自分のこのタックルではこのワームとこの重さ、という基準ができておれば、「カバーが濃すぎて入らないから重くしよう」とか「自信があるワームなのに食わないから軽くしてみよう」とかいう判断ができるからです。

僕は霞ヶ浦水系のカバー撃ちではダブルモーション3・6インチに5グラムもしくは7グラ

ムを基準にしています。

プレッシャーが高く、スレ気味の霞ヶ浦のカバー狙いでは年々、使うシンカーが軽くなる傾向が高くなっています。

突き破りにくいけど軽い方が食う確率が高く、結果的には効率がよいと判断したシンカーの重さ選びの例です。

一刀両断 A

自分で使うタックルに合わせた基準を持ち、効率を考えてウエイトを選択する。

一刀両断

Q

タックル

ラインポンドの
選び方

ラインの太さを選択する目安は？

ラインを太くする理由と細くする理由

ラインの太さの考え方には色んな基準があります。**基本は行くフィールドのタイプから決めていきます。**

例えば、カバーの有無、カバーの度合いなども基準になります。魚に巻かれるリスクが少ないオープンウォーターではスピニングの3～4ポンドでもロクマルは獲れますが、ヘビーカバーに撃ち込む釣りでは、魚がそれほどでかくなくても16ポンドでも心配なことがあります。

僕はフルサイズのジグ、テキサスリグでカバー撃ちをする時は16～20ポンドのフロロカーボンを使います。太いラインはカバーに撃ち込む勇気と、強引にカバーから引き出すアドバンテージを与えてくれます。

同じ重さのジグでもブレイクやディープを探るフットボールでは基準は14ポンド。より深場を狙うなら10ポンド以下に落とすことがあります。操作性が格段に向上します。

また、水の流れもライン選びに影響します。

特に軽いリグでクリアウォーターを狙う時は、４ポンドより３ポンドが食わせの点で言えば有利です。綺麗な水の場所では、特に**魚はラインの存在や糸鳴りを嫌う**上に、ラインが流れで持っていかれてルアーをイメージ通り操作できなくなるからです。

また、ルアー自体が小さくアピールが少ないものほど、ルアーよりラインの存在が際立つので**ラインは細い方が有利。ただし、飛距離、操作性、食わせの有利さと引き換えにブレイクの危険性は上がってしまいます。**

ビッグベイトなど存在感が圧倒的なものはルアーの存在感がラインに勝るため、魚はラインを気にしません。キャストで振り切っても、ラインが切れない太さを使います、僕はブリムスライドでは25ポンドナイロンを基準に使っています。

次の例は、例えばワイルドハンチという特定のクランクに自信を持っている場合、２本のタックルでラインの太さ違いを用意するのはプロの選択です。**ラインが太くなると同じ動きで潜航深度が浅くなるからです。**

サスペンドジャークでも深度を深くしたければ、ラインを普段の14～12ポンドから8ポンドくらいまで落とします。

僕が試合に出ている時は、ディープクランクなどは14ポンドを基準にしていましたが、よりディープを攻めたい時に8ポンドまでラインを落とすこともしていました。**究極のレーシングセッティングです。**ラインを細くすることはハードルアーの深度を増すことに繋がります。ただし、こまめなラインチェックと結び変えは必須となります。ブレイクのリスクが格段に増えます。

太いラインでもまめにラインチェック、結び変える習慣があるアングラーはでかバスを釣る人です。ここは他のテクニックより遥かに重要で、誰にでもすぐできることなのでぜひ、

習慣づけしてください。

また、**おかっぱりではラインの太さをボートで釣るよりワンランク以上太くしています。**

ポジションがある程度決められて魚を寄せやすいボートに比べ、おかっぱりでは寄せると浅くなり、ややこしいカバーや巻かれる障害物が足元に多く、場合によっては強引な抜き上げが必要になることが多いからです。

足場が高くランディングネットを使わない場合は、特にラインを太くする必要があります。

一刀両断 A

ラインの太さによるバスの反応やルアーアクションへの影響を考えよう。

Q 一刀両断

タックル

ロングロッドのポテンシャルを引き出す

ロッドが長いことのメリットとデメリットを教えてください。

ロッドの長さを活かすも殺すもアングラー次第

ロングロッドには様々なメリット、デメリットがあります。

まずはメリットから。

1.ロングキャストしやすい。2.アワセた時の打点が高く、かけた魚をカバーから引きずり出しやすい。3.ルアーのコース取り、メンディングがしやすい。

次にデメリットを。

1.重くなりやすい。2.感度が劣りやすい。3.細かい操作、小技が効かせにくい。これらデメリットはショートロッドと比べてということ。

具体的に説明すると、ロッドは長いほどルアーを遠くへ飛ばしやすいが、これもきちんとロッドを振り切れてこそ。腕力や体力的にシャープに振り切れないと、振り切れるショートロッドに飛距離で負けることは往々にしてあります。

つまりは**アングラーの体力面やスキル次第で、逆に使い辛いロッドになりかねない。**ただし、ロッドのグレードが高いものなら、同じ7フィート級でも重量が軽くて楽に振り切れるものもたくさん存在します。

次に、アワセ時の高さは物理的にショートロッドより高く、例えばゴミ溜まりやウィードベッドにテキサスリグなどを撃ち込んだ時にアワセた時点で角度が付き、カバーからバスを出しやすい傾向がショートロッドに比して有利ということ。

またロッドが長いことで、ロッド操作によっ

て巻きモノルアーをよりショアラインや障害物にタイトなコース取りさせやすいのは、ロングロッドならではのアドバンテージ。ショートロッドでは物理的にできないタイトトレースが可能になります。

ただし、それも優れたキャスティングスキルありきの話です。

ロングロッドで正確なキャストが困難になるなら、より楽に投げられて、より精度の高いキャストができる自分の体力、スキルに合った短めのロッドの方が有利になることも多々あります。

感度も、物理的には短いロッドの方が伝達する距離が短い分、いいのは当たり前ですが、ロッドのグレードによってはロングロッドでも超高感度のものは沢山存在します。同グレードのロッドなら、短い方が高感度という話です。

細かい操作、例えば「ピッ!」というショートジャークや小刻みなシェイキングなどは、長いロッドより短いロッドの方がやりやすいことが多いです。ジャークベイトのロッド操作も、長すぎるとロッドティップが水面を叩きやすく、やりにくくなります。

ただし、ロングロッドをきちんと振り切れて、アキュラシーキャストが正確にできるという前提があれば、ショートロッドにできないことがたくさんあることは事実です。

長年ロッドをプロデュースして来た者として言わせていただきます。

「本当によいロッドとは、リールを付けてライン通してルアーを結んでキャスト、操作し、感

一刀両断 A

ロングロッドは使いこなせれば大きな武器となる。

じて、合わせた時、実際のスペックより短く感じられるもの」です。

また「スペック表示よりも軽く感じられる」ことが多いと僕は思っています。

アメリカ人は元々のパワーがあり、重くて長いロッドを豪快に振り切り、パワフル極まりないフッキングをこなします。アメリカ人より小柄な日本人は道具を進化させ、優れたロッドスペックで体力の不足を補っています。

ロングロッドはショートロッドにはできないことを物理的に可能にします。ただ、自分の体力に合わせたロッドを選ぶことは大切。

スキルアップしてロングロッドを使いこなせることはアドバンテージとなります。

一刀両断

Q

タックル

巻きモノルアーと
グラスロッドの関係

クランクベイトなどの巻きモノルアーを使う時のグラスロッドのよい点、悪い点を教えてください。

グラスロッドがもたらす恩恵は大きい

クランクベイト、なかでもシャロー〜ミッドレンジを引くクランクベイトを使用する時、タフになればなるほど威力を発揮してくれるのがグラスロッドである。

一般的なカーボンロッドの弾性率が24トンから高弾性なら40トンに比して、グラスの弾性率は7トン。これが意味することは、リーリング時、クランクベイトの抵抗で常に曲がっているロッドがバイトした時の**「入りしろ」がより大きいことを意味する。**

高弾性のカーボンならこうはいかない。入りしろが少なく弾きやすくなってしまうのだ。グラスロッドのよさはバスがバイトした時、さらにクランクを深く吸い込ませ、反転させるだけのしなやかさが素材上の特性として備わっているわけである。

カーボンなら掛からなかったバイトが、リヤフック1本や外がかりで掛かる。あるいはより深くバキュームさせてバレにくくしてくれるのがグラスロッドの最大の利点だ。

また、ボトムや障害物にクランクがヒットした時も、クランクが大きく弾かれたり、きつく食い込まないので、根がかりを少なく、よりタイトになめることができる。

倒木や立木など枝がある場所を攻めるカバークランキングでは根がかり率を減らして、抜けた時のバイトチャンスを増やしてくれる。

バスをかけてからのファイト時も、フレキシブルに追従するのでバラシが少なくなる。

欠点は、感度が高弾性のカーボンより劣る、重い、飛距離が劣る、ジグやワームの釣りには全く向かない、という点。

これがグラスが敬遠されがちな最大な理由だと思う。

「バーサタイルロッド」、すなわちクランクでもワームでもジグでも1本でできるロッドは皆好きだからね。

でも、**専用ロッドはやはりアドバンテージは絶対にある。**

最近のグラスロッドは軽く、魚を釣る上で必要な感度は必要十分に満たしている。また、そのロッドでなければ獲れなかったバスをものにできるのが、優れたグラスロッドの最大のアドバンテージである。

僕はワイルドハンチはヘラクレストルクアータ66Mを。ワイルドハンチ8フッターやシャローホグ、コンバットクランクの250まではヘラクレスオセロット68MGを選ぶ。コンバットクランク320やLBローラーならヘラクレスサーバル611MHGを使っている（連載掲載時のタックルセレクト）。

僕は柔らか目なロッドで至近距離からのアキュラシーキャストを重視しているので、EGプロのなかでは全体に柔らか目だと思っていますが参考までに。

ヘラクレスのグラスは正確に言うと純粋なグラスロッドではなく進化系グラスコンポジットロッドです。

ユニディレクション(単一方向)のグラス繊維でよりフレックスさを高め、でかバスを確実に掛けて、獲るためにバット部をヘラクレス4軸カーボンで武装することにより、強度、パワーあるいはグラスとは思えないシャッキリ感を持たせることに成功したグ

ラスコンポジットロッド。

キャストフィールがダルなグラスロッドとは一線を画しているので、お薦めです。

また、参考までにクランクではないが、ブレーデッドジグのジャックハンマーには、清水盛三プロはアキュラシー重視ならサーバル、ロングキャストを視野に入れるならレパード73Hを使っています。

A 一刀両断

グラスロッドの特性を知ると巻きモノの釣りのレベルアップにつながる。

一刀両断

Q

タックル

偏光グラスが備える有用性

偏光グラスの必要性、またオススメを教えてください。

バス釣りにおいて偏光グラスは重要なアイテム

偏光グラスは、僕にとってロッドやリール、ラインやルアーと並ぶほど重要なタックルです。安全面からも飛んできたルアーなどが目を直撃し、最悪の場合失明などの事態を未然に防ぐことができます。ここはかなり重要な要素です。

僕は偏光グラスなしに釣りに出かけることはありません。安全に事故や怪我なく楽しむのが釣りですからね。

僕の偏光グラスはフレームが「ゼクー」（ジールオプティクス）のファッショナブルで軽く機能性に優れたもの。

レンズは絶対的な性能と実績のタレックスのものを使用しています。ここ近年紫外線が強くなっているので、紫外線カット率が高いレンズが多いのも目に優しいです。

レンズカラーはローライトでも見やすいイーズグリーンを多用。

レンズのカラーは個人それぞれの瞳の光彩によってブラウン系がよく見えたり、グレー系がよく見えたりします。購入の際は実際に水槽などがあり、何種類か試してから買えるショップがお薦めです。

夏の日差しが強い時などは、濃い色でミラー加工されているものなどが有利です。

優れた偏光グラスはバスそのものも見つけやすくするだけではなく、ぎらつきをカットして、水の色の変化などで水深の変化や沈んだ障害物などをいち早く見つけることができます。これはかなり有益な情報でバスが釣れるか否かに直結します。

池原ダムのようなクリアウォーターでは、深い場所までもちろんよく見えますが、霞ヶ浦水系のような濁った水域でも沈んだ鉄杭や障害物を見つけ、そこを狙って幾度となくバスを釣っています。

見えた障害物が、はっきりと杭や沈んだブッシュなどと認識できなくても、**「そこに何か沈んでいる」**という事実が重要なのです。

霞ヶ浦水系でよくある、キンチャクと呼ばれる石を網でくるんだ障害物も見えていれば、スピナーベイトでギリギリを通してかわしつつバイトを得るということも、偏光グラスあっての

EVERGREEN

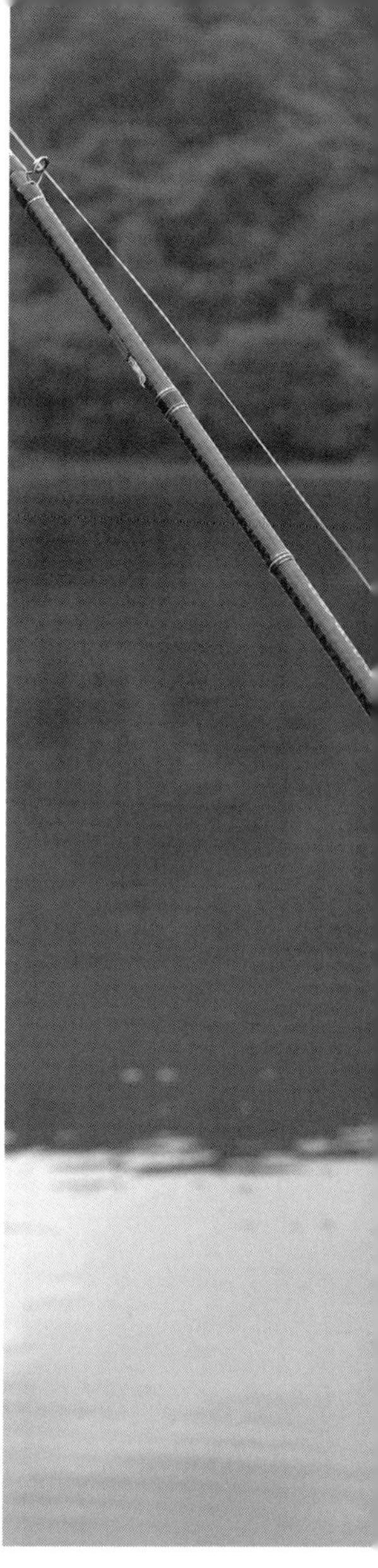

釣りであり釣果です。根がかりを避けて、バスを釣る確率を上げてくれるのは素晴らしい効果です。

実際にバスそのものを見つけてサイトフィッシングする時も、ルアーを投入して隠す場所などを瞬時に見つけることができるのはかなりのアドバンテージです。

ルアーを隠すべき、水中に沈んだ岩影や堆積した落ち葉など黒っぽく見える場所が明確に特定できます。

また水中を見る習慣付けができてくると、見えバスを見つけることが増えてきます。**バスがいる条件の場所を多く見ることで、「ここはいそう」とか、推測して「いるだろう」という前提で探せる**ようになるからです。

また、釣れるバス釣れないバスの見極め、あるいは釣れるタイミングまで待つことも見る習慣付けをすることで判断できるようになってきます。

　バスが見えてもベイトフィッシュが全くいない時は無視される、あるいはルアーを投げたら逃げるバスばっかりだったのが、ベイトフィッシュの群れが入った瞬間、モードが変わって食い気全開のバスに変わる様子。

　あるいはベイトの群れが通れば、その後方に付く、フィーディング状態のバスを見ることで、「食う」状態のバスを待って釣ることができるようになったりします。

　いい偏光グラスは間違いなく、バスアングラーのスキルアップ、釣果アップに繋がる重要なツールです。

一刀両断

A

偏光グラスは安全面でも釣果面でも確実に役立ってくれる。

一刀両断 Q

テクニック

ソフトベイトのアタリを捉える

ソフトベイトの釣りでアタリを取りやすくするための工夫や方法は何かあるのでしょうか？

アタリを取りたい気持ちがアタリを遠ざける

アタリを取るという前に、アタリを出すためのワーム操作法から説明します。鍵はラインスラックの使い方にあります。

キャストしたワームで「アタリを感じたい」、「ボトムを感じたい」という意識が強すぎると、どうしてもラインをピンピンに張りがちになります。

ラインを張りすぎるとバスは違和感を感じてバイトそのものが減少します。

適度なラインスラックを出した時の分かりやすいバイトが「ゴゴン、グーッ」といった感じとすれば、ラインを張り過ぎた時のバイトは「コ！」とか「カ！」というニュアンスの、明確だが超ショートバイトになりがちです。

それは**人間もアタリが分かりやすいが、バスにとっても張り過ぎのラインの抵抗を感じやすい**からです。

例えば狙いのスポットにリグを撃ち込んだら、なるべく抵抗をかけないように竿先を送り込み、ラインをたるませてリグを落とします。

リグにラインテンションがかかるのは、アクションを与える一瞬のみで、その後はロッドティップからラインが逆アーチを描くくらい緩めます。

僕は仕事柄自分の動画をよくチェックします。ラインが弛んでいても、ロッドティップが明確に入っている様子が見られます。もちろん、その時は手元にアタリを感じています。

ラインがダルダルではアタリは感じられないので、**「張り過ぎず緩め過ぎず」の微妙なラインスラックの使い方をマスターする**ことをぜひ、お薦めします。

また、ロッドに出ないバイトは「違和感」と表現します。

これはラインを張ってリグを動かした瞬間に感じるはずの「重み」がない、または重みを感じるはずなのに軽くなる、などということです。

あるいは、引っかかるはずのない場所にリグが着底しているはずなのに「何か引っかかったな」と感じる「だんまり」バイト。これは食った魚が動かないことで発生する違和感です。霞水系などの、誰もが撃つプレッシャーが高いカバーなどで多いバイトの例です。

重くなるはずなのに軽く感じる、なんか微妙に引っかかった感じ、などはすかさずフッキングに持ち込むことで、他の人の獲れないバイトをものにすることができます。

またフォールしたルアーが着底するはずなのに、軽いと感じる場合は食った魚がこちらへ走って来ているバイトです。

アワセのパワーが伝わりにくいバイトなので、おかしいなと思ったら即、全力でリールを巻いて重みを感じたら巻きながらロッドをあおる動作でフッキングに持ち込みます。

ちなみに**ラインを注視することで、ロッドに出ないバイトが取れる**ことも覚えておきましょう。見るべきは水面とラインの交わる点の上の部分。その部分のラインが「ピン！」と弾けるような動き、急に張る、逆に緩むようなラインの動きをアタリと捉えることでワンモアキャッチが期待できます。

余談ですが、ラインが「ギューーッ！」と走るような動きをする時はバスがスクールでフィーディングしている時が多いです。ほかのバスにルアー（この時は食ったバスにとっての獲物）を取られたくないという感じで、食ったら走る習性です。

これは最もモノにしやすいバイトです。

こんなバイトが出たら、できるだけ早く次のキャストを、バイトが出た周辺にすることをお薦めします。連続ヒットが期待できるバイトの例です。

一刀両断 A

アタリをとるためにはラインを上手く使え！

一刀両断 Q

テクニック
バラシ率を下げるための注意点

バスとファイト中にバラさないための工夫やテクニックを教えてほしいです。

バラシとメンタルの関係性

まずは**キャストする前にマメなラインチェックと結び替え、そしてフックチェック**がバラさないための準備です。

魚を釣った直後や根がかりを外した後は必ずラインチェックとフックチェックを行う習慣付けをしてください。フックはポイントだけでなく、特にトリプルフックなどでは曲がりなどもチェックしましょう。

また**バラす原因によく見られるのが「慌て過ぎ」なこと。**

特にでかいのを掛けて、よくバラす人は慌て過ぎだと思います。

これればかりは数を掛けて慌てないだけの経験を積むしかないかもしれませんが、慌てず冷静に対処することを心がけましょう。

大ぶりなフックのジグやワームでは、上あごの硬いところにフックが貫通しているのが理想です。＃3／0以上のフックやフルサイズのジグなどではフルパワーでのけぞるくらいのフッキングが理想です。またその動作は、バスに巻かれる危険があるカバーからバスを引き離す動作になります。バラしが多い人はアワセが弱いことが多いです。

また、マスバリ系の小さなフックやスモラバなどは、バスの口中の薄皮一枚で縫い刺しになっていることが多いです。

僕は小さなフックを使う場合は、カバーから離す動作は早く全力でします。巻かれる心配がないところまで寄せてからはリールのクラッチを切って逆転させたりして、鋭い歯で

ブレイクされたり、身切れするのを防いでいます。

バスが突っ込みきったらとっさにはクラッチが切れないので、予測して突っ込む前に切って、親指でサミングしながら魚のダッシュに対応します。

ハードルアー系ならリヤフック1本がかりなどで「バレそう！」と判断したら、手前でわざとクラッチ切って潜らせて、フロントフックをバスの下あごやほっぺたに2本掛かりにさせるようにしています。

慌てないというのは魚の掛かりどころを観察することでもあります。

バラさないために必要なのはフックを貫通させること。それと掛かってからラインテンションを極力緩めないことです。

バスはジャンプする魚です。ジャンプしてバラすのはラインテンションが緩み、充分に刺さり切っていないフックが外れるからです。

魚が上昇してジャンプする気配を感じたら、ロッドを下向きに時には水中に突っ込み、リールを早く巻いてたるみが出ないように心がけてください。

あと、バスプロの真似をしてむやみにロッドを左右に倒す動作も、**魚に追従してラインテンションが保てているならいいですが、逆にテンションが緩むのでは「意味なし番長」なので止めましょう。**さらに、バスを掛けてからのポンピングもラインが一瞬緩みやすいので、ゴリ巻きの方がバラしが減ります。

ただしスピニングのライトラインではドラグの調整は事前に行い、ヤバいと思う突っ込みではとっさにラインが出せるような心の準備をしておきます。

ドラグを緩める、クラッチを切って逆転させる、フロントフックを掛けるなどの動作をとっさにできるということは「慌てず冷静に」対処できているということです。

そうなれば一歩上達したということです。**バラしは自然と減るはず。**

次の一歩は、フックやルアーによるベストなタックルセッティングを見出すことかな。

一刀両断

A

まず確実にフッキングする。そして慌てず冷静に。心の乱れがバラしを生む。

一刀両断

Q

テクニック

ステイを身につけるために必要なこと

止めて食わす極意を教えてください。効くシチュエーションやアクション、注意点なども。

ルアーを「止める」ことも誘いの一つ

ルアーを止める動作はなかなかに難しいです。

バス釣りは巻いたり誘う動作が多く、ちょっとこの釣りに慣れてくるとついついアクションさせたくなるからです。

でも、**止めることがバイトを得るための「誘い」**になっていることを理解すれば、止める重要性が分かるようになります。

ルアーを止める時のシチュエーションは色々あります。
①低活性、あるいはルアー慣れしてスレている場所 ②寒い時期 ③産卵前後 ④寄せたい時。
①はバスがルアーを活発に追えない状態。

あるいはルアーやラインの存在を見切る時。ラバージグ(スモラバ含む)やネコリグ、ロングワームなどを置いておくことで、その存在は確認しているがバスが食い切らない時、気になるものとして、じらせて口を使わせます。

とは言えボトムに何も感じない場所で放置しておくのは、釣れる確証がなかなか持てないので、沈みもの、ハードボトムなどを感じた場所で止めておきたい。**何もしなくても、ラバーやワームが水流などで揺れて一か所での誘いになっています。**

②は①とかぶりますがサスペンドジャークベイトなど中層で止めるルアーがさらに多用されます。ジャークでの視覚でのフラッシング、水押し、サウンドで発見させ、止めることで距離を徐々に詰めて最終的には口を使わせるイメージです。

巻くだけでは追いつけないバスにスイッチを入れて釣る方法です。

③は産卵床付近、もしくは産卵のために上がって一時的に止まるスポットにルアーを置くと、その異質なもの(ルアー)を排除しようとするバスの習性を利用した止めです。ラバージグ、ライトリグ系が多用されます。

④はクリアウォーターのトップウォータールアーなどで使う「止め」です。

ポッパーなどのサウンドで発見させ、バスをディープから突き上げさせる「間」のためのポーズ。ビッグベイト、ジャイアントベイトのデッドスティックも寄せるための止めです。

前述のジャークベイトは中層ですが、これはトップでの止めです。

「ステイ」の釣りの極意は「ライン」

それでは全ての止めの釣りの注意点ですが…これは重要です。ジグ、ワーム、サスペンドジャークに共通しています。

それは**「ラインを絶対に張り過ぎない」**こと。

ラインを張っていると、バイトしないバスが劇的に増えます。特に超クリアでバスが丸見えの場所では糸の存在を消すことに留意します。ラインはボトムに這わせることを意識します。ロッドティップから出るラインに、逆アーチを描かせます。

それでもラインやロッドにはアタリは出ます。アタリ感じたさにラインをピンピンに張るとバイトは明確に出ますが、ショートバイトになりやすく、それ以前にバイト自体が激減します。ジャークベイトなどでは適度にラインを緩めないと、風などの抵抗でラインが無意識のうちに引っ張られ、ルアー自体が不自然な動きをしてしまいます。張らず緩めずのテンションで止めてください。

それと手元に感じるバイトだけに集中せず、ラインを注視する習慣を付ければラインにだけ出るバイトを獲ることができるようになります。

また**サイトでは、バスが通るであろう場所へ事前にルアーを止めて待つ**ことが、釣果へとつながります。

止めるべき場所をよーく考えてみましょう。

一刀両断

A

ボトム、中層、トップで「止める」…ステイで重要なのはラインテンション。

一刀両断

Q

テクニック

ルアーの強弱を使い分ける

釣り始めは、強いルアーと弱いルアーのどちらからがよいのでしょうか？

強いルアーで探し、弱いルアーで食わせる

ルアーの強弱を決めるのは、タイプオブフィールド、天候、状況把握力によります。

未知の場所や広大なフィールドでは強いルアーで速く探っていくほうが、正解にたどり着きやすいです。最初から食わせのライトリグなどに頼ると非常に狭い範囲しか釣りこむことができません。

まずは速く強いビッグベイト、スピナーベイト、チャター、クランクなどでバスの居場所探し。居場所が分かったらスローダウンしてルアーを弱く、食わせ寄りにしたほうが結果が出るのが速いです。

逆に行くフィールドが狭い場所だったり、ある程度状況やスポットが分かっているなら、弱

いルアーから入ってもいいですね。

霞ヶ浦水系のような広大なフィールドでも「今日のバスはショアラインのエビを食っている」と分かっているような場合があります。

となると、バスエネミーのノーシンカーリグやC-4ジグ&アントライオンなどの弱いルアーで、エビがいる場所だけをランガンします。その場合のパターンは**「ルアーは弱めだけど釣りとしては強い」**といえます。

これは、マッチザベイトのルアーでスロー化が強くなる例です。

同じ霞ヶ浦でも荒れている時などは、始めからDゾーンなど強いルアーでウインディーサイドを狙います。風であおられ、軽いルアーをスローに使いづらいという理由もありますが、振動が強くアピール力の高いルアーのほうがより早く正解へ近づけるからです。

ちなみにDゾーンでは強すぎると感じた時はSRミニのようにタイトバイブレーションタイプへと「弱く」します。スピナーベイトのローテーションとしてジャックハンマーやクランクなども試します。

明らかにスピナーベイトよりクランクやチャターを好むことがあるからです。

また、**それぞれのカテゴリーのルアーの中でも強弱は存在します。**例えばラトル入りのワイドウォブルのシャローホグは濁りや強風下で強く、ノンラトルのタイトなワイルドハンチのほうが弱いですが、水温低下時にはハンチを選ぶことが多いです。

ちなみにクリアなリザーバーで、Dゾーンやクランクはパワーが強すぎると感じたら、最初からパワーを落としてスイムジグやヘッドシェイカーなどのスイムベイト、あるいはプロップマジックなどを使うことが多いです。

クリアウォーターでは振動が強くなくても、バスが視覚で発見してくれます。食い気のあるバスには弱い波動と見た目が効くことが多いからです。

逆にいつもクリアなフィールドが台風や大雨で濁った直後などはスピナーベイト、クランク、チャター、ビッグベイトなどが爆発することが多いです。濁ったらでかバス狙い撃ちで、始めから強いルアーを投入するのが僕の大好きなスタイルです。

弱いルアーから強いルアーへの切り替えは難しい

最後に僕の考えですが…。

最初から弱いルアー（特にライトリグ）を使って釣れない時、人間心理として強い釣りへと切り替えることはきわめて難しいです。また、常に弱いルアー、スローな食わせの釣りをしていると、強いルアーでの速く強い釣りの上達の妨げとなりやすい。

時間を決めてでも、強いルアー、強い釣りから入れば、その後のバスの居場所、状態のヒントが掴みやすく、心理的にも行き詰まったら釣りをスローダウンしやすい。**強いルアーから入るのは、結果として釣果に結びつきやすく、状況に応じて釣りを変えられる理想のバーサタイルアングラーへの近道**になります。

A 一刀両断

強い釣りから始めることで、その日の釣果も、スキルアップも見込めます。

一刀両断

Q

テクニック

サイトフィッシングの注意点

サイトする際に注意していることやアプローチの仕方は？

バスに「サイト」されてはいないか？

サイトフィッシング（バスを視認する釣り）で一番大切なのは「バスに気付かれる前に見つける」ということ。警戒されてからでは、難易度がどんどん高くなります。

前もって、「こんなところに居そう」というイメージで探す習慣付けを心がけよう。

また、見つけたバスが産卵行動なのか？　捕食の為の待ち伏せなのか？　その場所に執着しているのか？　ただの通りすがりなのか？　などを常にイメージすることも大切です。

やってはいけないことは、見えたバスにルアーを直撃でキャストすること。

例外的に、集団で狩りをしているボイルの場合だけ直撃は有効です。エサの獲り合い心理でバスの理性がブッ飛び状態になり、ルアーに騙されやすいからです。

その場合は定期的にボイルするかを観察して、頻度が高い時は、バスが見えてもキャストせず、ボイルを待ち受けてすぐさま直撃する「ボイルシューティング」が有効です。この場合は待つ行為が必要です。

一番釣りやすいのはこちらに気付いておらず岸を向いているバス。

できるなら岸にルアーを一回落としてからズリ落とす、「バンクキャスト」が有効です。またバスがカバーに頭を向けて尻尾だけが見える状態も最高です。まさしく頭隠して尻隠さずのバスはこちらに気付いておらず、釣りやすいバスです。

この場合、ウィードレス性能の高いワームやジグあるいはフロッグなどが使いやすいです。また、泳いで行くバスを見つけたら、その先にあるカバーを利用するのもよい方法。進行方向先にルアーを入れるか、枝などにラインを引っかけて待つのが凄く効くやり方。

一方、厄介なのは障害物がほとんどなく、浅く「どクリア」でバスが丸見え、そして釣り人が初めからバスに気付かれている時。こんな時はバスがどこで止まるのか？　どこでエサを獲りたがっているのか?を観察し、推測します。

こんな状態のバスはルアーが空中を飛んでいくだけで「バシャッ!」と逃げたり、酷い時はキャストモーションだけで逃げます。

ラインの存在や水切り音ももちろん極端に嫌がります。

すぐに投げてはいけません。
なるべくバスの上をルアーが通らないような方向から、サイドハンドやバックハンドキャストをモーションを小さくして決めます。着水点はルアーの存在が大きな場合はより遠く。透明度高い、水深浅い、プアカバーなら時には10メートル以上離して着水させます。

スモラバなど小さいルアーは、それよりも近い間合いの場所へ落とします。着水音に反応して逃げる時は、バスが釣り人がルアーを投げて着水したことを忘れるくらい放置します。同時に**ラインはボトムに這わせるように**します。落ち葉や小石などにルアーを隠せたらなおいいです。

ルアー及びラインの存在をバスが忘れた頃に、ショートジャークやズル引きでバスにル

アーの存在を気付かせます。急に見えにくい場所からルアーを出して発見させるイメージです。この時、バスが「ビクッ!」と下に身をひるがえす動きをしたら、食う反応です。要はバス自らが食えるものを見つけたと思わせること。

それがサイトフィッシングのキモです。

スモラバなどに反応が悪い時には、ルアー先行で上流からフィーディングスポットまでドリフトで。トップウォーターのウエイクマジックのドリフトなどは超強力なサイトの奥義です。

これも、ラインの存在を消すワザです。

一刀両断

A

サイトの釣りには自分やラインの存在をバスに知らせないこと、忘れさせることが大切。

一刀両断

Q

テクニック

岸釣りでの振る舞い方

おかっぱりでの立ち位置で特に注意していることはありますか？

不用意に水際に近づくな。バスは足元にいる

僕は、**おかっぱりではすぐに水際に行かない**ようにしています。それは2つの意味があります。

まず1つ目は、釣りの動作を始めるまでのステップ。足場の高い場所から観察してから釣り始めること。バスがいるか？　ベイトフィッシュはいるか？　水中の地形や障害物などをチェックします。川などであれば橋の上から見るのがよいです。

クリアウォーターのバックウォーターではバスがどのルートを通って上がって来て、どこがフィーディングスポットになるのか？　を推測し、観察してバスの動く、あるいは止まるルートや位置を確かめます。

濁っている場所でも浮いているバスなどを見つければ、釣りをするモチベーションが著しく向上します。

2つ目は基本中の基本です。

水際から離れて、岸ギリギリを狙うということ。バスは岸から落ちてくるものを狙ったり、岸にベイトを追い込んで食う習性があるので、**岸際にいるバスは釣りやすいバス**です。

だからいきなり水際に立つと、その釣りやすいバスを驚かせてから釣るのと同じことになります。

まずは、足音を立てずに水際から離れて、ワームやジグ、あるいはフロッグなどを落とすと簡単に釣れることがあります。

「まずは足元から」これはおかっぱりの基本です。

さらに足元を狙うなら自分の影を水面に落とさないことも意識します。ひととおり足元をチェックしてから水際に立ち、岸際や障害物、沖を狙います。

また、皆がそこから釣りをするだろうという場所はあえて外すとよいことがあります。

ロッドが自由に振れ、立ちやすい場所を、あえて外して立つことも大事です。バスはいつも決まった位置に釣り人(敵)が立ち、同じ方向からルアーが飛んで来ること覚えているからです。

わざと釣りがしやすい位置を外すのも、簡単にバスを欺く方法です。

ロッドが振れないような木の隙間からルアーを落とすのは、ショアラインまたはカバーのバスを釣る最も簡単なやり方です。

バスを釣る前にランディングまでを想定する

その場合、「ここから入れて、バスが来たら、ここまで下がってあわせて、ここでランディングする」というシミュレーションをしておきます。頭上に木があったりすれば、あわせでロッドを折ったりするからです。

また、いざ掛けてもどこまで動いたらランディングできるかを想定しておけば、掛けてからあわててバラすことも防げます。

僕の場合はおかっぱりではランディングネットを使わないので、同じルアーでもボートから使うよりワンランク太目のラインを使うようにしています。足場が高い場所では掛けたバスは抜き上げます。

ライトリグやライトタックルを使えば、バスに口を使わせることはより容易になります。その場合はハンドランディングできる場所を選びます。ランディングネットを使う場合も掛けてから獲る場所をあらかじめシミュレートしておいてください。

また、流れがある場所なら、上流へアップストリームで攻めるか、下流へドリフトするかなどを考えて立ち位置を決めます。

最後に大事なことを。ボートよりむしろ落水の危険が多いのがおかっぱりです。僕は釣りをしている時は常にライフジャケットを着用しています。

自分の命は自分で守ること。これが釣れる釣れない云々より一番大切なことです。

なにより命が一番大切です。

一刀両断

A

立ち位置に気を使うことで岸釣りの釣果は必ず伸びる。

第3章 ルアー&リグ編

バス釣りの悩みをわかりやすく解決！一刀両断

無限とも思えるバスフィッシングのルアー&リグの数々。
そのポテンシャルを
引き出すために必要なのは、
状況に合わせたチョイスと適切な操作。
幅広い層のアングラーから
悩みが多く寄せられた
ルアー&リグの使い所、使い方を一刀両断。

Q 一刀両断

ワイヤーベイト

スピナーベイトのベーシックテクニック

スピナーベイトの出しどころ、効果的な使い方は？

スピナーベイトは幅広い季節とシチュエーションで有効

スピナーベイトは、魚が横の動きに反応すると判断した時に使います。もしくは魚が巻きモノに反応するかを知るために、テンポよく「投げ」「巻き」を繰り返すパイロットルアーとして使います。

スピナーベイトはオールシーズン、表層からディープまで使えるルアーです。秋なら水温15度前後が最も効くことが多いです。

風が吹く、濁りが入る、ダム湖やタイダルリバーでカレント（流れ）が生じる時などは出し時です。

特に風が強く吹き出したタイミングでウィンディーサイドをスピナーベイトで攻めるのは

ビッグフィッシュパターンの王道です。風がショアに当たるとベイトフィッシュが寄せられることと、風による濁りなどがスピナーベイトのフラッシングや振動を活かしてくれるのです。

また、クランクベイトなどより、特に植物系の障害物に強いウィードレス効果を発揮するので、アシやブッシュのキワ、倒木、オーバーハングをトラブル少なく、テンポよく攻められるのもスピナーベイトのいいところです。

僕はスピナーベイトを使う時、**基本的にルアーが見えるか見えないかの水深を引く**ことが多いです。バスがどこから出てきて食ったかが分かりやすいですし、何より釣りのスピードが速くなります。

ちなみに浅くて濁っている霞ヶ浦水系などでは3/8オンスのDゾーンダブルウィローから入ることが多く、さらに同じレンジをゆっくり引きたい時は同じ3/8オンスのタンデムウィローを使います。ゆっくり引きたい時はタンデムです。

関西のリザーバーや川などではDゾーン1/2オンスダブルウィローが主力です。霞ヶ浦水系より澄んでいることが多いので巻いていて見えるレンジも若干深いです。

同じレンジをさらにゆっくり巻きたい時は同1/2オンスのタンデムウィロー。

さらにゆっくり引けて強烈な振動やフラッシングを得られるのは同じ1/2オンスですが、ブレードサイズが大きなDゾーン・パワーブレードを使います。濁りが強い時などにはこちらにシフトします。

　さらに深いレンジ6〜8メートルまでを攻めたい時は3／4オンスダブルウィローの出番です。深場でボトムにタイトに引くにはスローローリングが必要になります。

　特にフォールターンオーバー時には投げてゆっくり巻くスローロールに加え、ドラッギングなどを用いて長い距離を引くのは効果的です。

　またハイシーズンのクリアウォーターではゆっくり巻くと見切られることもあり、そんな時は水面直下を引いてスピナーベイトのシルエットをぼやけさせるガーグリングが有効です。

　着水後すぐにロッドを立てて、早巻きでルアーの立ち上がりを素早くするのがポイント

です。

超クリアなバックウォーターなどでは、早巻きしないと水面直下を引けない3/4オンスで超遠投してガーグリングすると、天才系のバスを騙してくれることも多々あります。

ただやはりスピナーベイトは一定層を引いてバイトが多発する状況が一番ハマっています。一定層と言っても見えない中層を引くのは難しいので、**ルアーの見えるレンジを引くことから始めるのがお薦めです。**

リトリーブで障害物に当てて、不規則な動きでリアクションバイトを誘うのもスピナーベイトの持ち味です。**タフな時は積極的にスピナーベイトをモノに当ててヒラウチさせます。**

A 一刀両断

風や流れ、濁りなどが発生したタイミングがスピナーベイトの出番。

一刀両断

Q

ハードルアー

クランクベイトでのカバーとディープ攻略

クランクベイトにもタイプがありますが、どういうものが菊元さんは好きですか？

カバークランキングは高度なゲーム性を持つ

クランキング、いいですね。

最近はカバークランキングがマイブームです。立ち木や倒木などにクランクベイトを通してくる釣り方です。

レンジは浅く、濁りが入った時などで、バスがカバーに寄り添う傾向が強い時に多用します。ややこしい隙間を通すコース取りと、なによりキャストアキュラシーが要求される釣りなので、クランクは投げやすいものを優先します。

この釣りにマッチしているのがシャローホグというフルサイズ、ラウンドタイプ、スクエアリップのクランクです。

何がいいって、投げやすい。

ほどよいスピードで飛んでくれるのでラインメンディングも容易です。枝などにも根がかりしづらく、釣りの動作がスムーズに行えます。

動きは強いです。ワイドウォブルの強波動タイプなので濁りに強く、魚をカバー奥から呼んでくれます。

カバークランキングは投げる時とカバーコンタクト時に集中力が必要なので、なによりリズムが大切。ややこしい場所にキャストが決まっただけで快感が得られる、ゲーム性が高いところも好きな理由です。

食うのが見える時も多いのでエキサイティングです。

次は急に水温が下がったなどのタフコンディション下や霞ヶ浦水系で多用するのがワイルドハンチです。

これは石積みやジャカゴ周りやブレイク(カケアガリ)などで多用します。ワームなどでは根がかる消波ブロックやリップラップ、あるいはウッド系沈みモノを攻めても根がかりしにくく、リズムよく投げまくり巻きまくることができる定番中の定番のクランクです。

アクションはナチュラルで、ボトムに当てても中層を引いてもバスに好まれる動きのクランクです。長く続く石積みや木枠、あるいはブレイクに沿ってボートを流しながら「投げて巻いて」

を繰り返します。

ワームを撃っていたのでは、時間がかかるような長いストレッチを短時間で効率的に探れるのも大きな利点です。

「もっと浅いレンジを引きたい」「同じストレッチでも中層を引きたい」時は、シャローランナーのワイルドハンチSRにローテーションします。

ディープクランキングがハマるとでかバス連発も

最後に、爆発力があるのがディープクランキングです。**地形とベイトフィッシュのレンジと合致した時は、でかいバスが連発する傾向が強い釣りです。**

主にゴールドディガー600とコンバットクランク480をローテーションしてよく使います。どちらもカッ飛びで、有効なレンジを長くトレースできるのがイイです。

レンジはゴールドディガー600の方が深いのですが、単純に深場をトレースしたければゴールドディガー600、というだけではない使い分けもします。

根がかりが多発する場所では、リップ先端とフロントフックまでの距離が長いゴールドディガー600の方が根がかりによるロストを防ぎやすいです。水深が浅すぎると感じたら、ロッドのポジションを上にあげてやることで対処します。

また、段々畑や屋敷跡といったディープフラット、そして岬などではレンジを合わせてやることが重要です。ディープクランキングはドラッギングなどを用いることで10メートル以深までをターゲットにできる釣りです。

ドロップショットリグでネチネチやるよりも、バスのサイズがでかい傾向が強く、スローなワーミングなどの食わせの釣りが効かない時ほど威力を発揮するのがディープクランキングの醍醐味です。

A 一刀両断

エキサイティングなカバークランキング。爆発力を持つディープクランキング。

一刀両断

Q

ハードルアー

ジャイアントベイトの実践ハウツー

バラムの出しどころや時期、タイミング、通すコースなど細かく教えてください。

全長30センチ重量168グラムのジャイアントベイト

バラムの出しどころはズバリ、どでかいバスだけ狙いたい時です。

菊元的には本気で世界記録を狙えるハードベイトだと思っています。

季節的には春から初夏。それと秋が深まった時期から初冬がベストシーズンかと。真夏も釣れますが、朝夕まずめの、カレントが効くバックウォーター限定になりがちでジャイアントバス狙いにはどうかな、というのが菊元的見解です。

使うシチュエーションは、できれば追尾するバスが見える透明度の高いフィールドが望ましいです。なぜならば、**30センチ、168グラムのジャイアントベイトを投げ続け、速巻きし続けるというしんどい行為は、魚の反応がなければモチベーションが続かない**と思うからです。

それと水面下の障害物は見えてほしいです。バラムはリップレスなので障害物には極めて弱く、細い枝などをすぐにフックが拾って動きが損なわれます。

おまけに根がかりしてロストすると精神的ダメージがでかすぎます。

あとはなるべくロングキャストで、岸(岩盤)や橋脚、桟橋などに極めてタイトにというか、巻きながらガチャガチャ当てるくらいのコース取りができるシチュエーションが望ましいです。オーバーハングだらけでは力で押し込むキャストになってしまい難しいです。

使うタイミングは朝夕のローライトコンディション。風の吹き始めや、強風で水面が波立ちベイトフィッシュが岸に寄せられるくらいの状況もいいです。

風が水面を打ち付けてボートやアングラー、あるいは飛んでいるルアーがバスから認識しにくいシチュエーションはグッド。バスは本能的に鳥を恐れ、特にクリアウォーターになるほど空を警戒します。バスが空中に飛んでいくバラムを察知しただけで釣れなくなることは多々あります。

それゆえ、風や雨で乱れた水面は好ましい状況となります。

また岩盤のえぐれやテラス状の張り出しの下に潜むバスはブラインド状態になり、飛んでくるバラムを察知しにくい。それゆえに、**えぐれや出っ張り凹みがある垂直岩盤や梁がある橋脚、桟橋、風で吹き寄せられた浮きゴミなどはバラムの狙い場所となります。**

カレントが効いて水面が乱れるバックウォーターの、大岩のえぐれや流れのヨレなども同様にブラインド効果があるのでバラム場といえます。

さらに言うとプレゼンテーションはかなり重要です。

巨大なバスは獣だと思ってください。

狙いのスポットにボートの引き波を当てないよう、かなり手前でエンジンを切り、エレキで静かに近づきます。そしてエレキのペダルから足を離し、惰性で理想のコース取りができる場所へ行くようにボートをコントロールします。

キャストは真上からのオーバーヘッドではなく、サイドやアンダーから押し込みます。飛んでいくバラムの軌道がバスから見えないようにする工夫です。

そして空中でラインをメンディングし、タイトに引けるコースへ導きます。

基本は超ファストリトリーブ。クリアなほど見切られないように速巻きします。そのスピードはルアーを全力ピックアップするくらいです。ガチャガチャと岩盤や橋脚に当てながら超速巻きします。

バラムで釣るためには、まずキャストが最優先事項となります。

なので、ロッドを含めたタックルセッティングはかなりシビアで、ここを妥協すると飛躍的に釣れる確率が下がります。

まずロッドはヘラクレス・アクテオンマグナムEXです。7フィート9インチのエクストラヘビーアクション。バラムにはこの竿と言い切れるほど適しています。

168グラムのバラムを投げるにはしなやかに曲がるという印象です。ロッドを曲げてジャイアントベイ

トを正確に、楽に遠くまで運ぶこと。

この手のエクストリームな釣りはずっと投げ続けないと正確なキャストや正しいプレゼンテーションが学べないので、身体的負担を軽減してくれるロッドは不可欠です。**ガチガチの硬すぎ、重すぎのロッドはダメです。**

また至近距離、特にエイトトラップなどラインが20センチほどしか出ていない状態のストライクでも、ティップがしなやかに入ってくれることでバイトをはじきにくいのがいい。

次にリール。

僕が使っているのはアンタレスDCMDXG。一回転で93センチラインが巻けます。超ファストリトリーブを楽にしてくれます。ローギヤでは物理的に不可能な速さで巻けるのと、頑丈さがいいです。

ラインはナイロン。

バスザイル・フレックスハードHD25ポンドを巻いています。これも至近距離でのバイトを、適度な伸びでストライクを深くしてくれます。

このようにバラムはシビアに道具を選ぶ釣りですが、**ロクマルを遥かに超えるモンスターをバラしたりしたら一生後悔しますので、妥協できないところです。**

釣り方ですが、例えば橋脚ではルアーをキャストして落とす場所は通したいコースの2倍以上投げます。ボートから橋脚の端まで15メートルだとすると少なくともその端から15メートル以上向こうに着水させたいです。

バスから空中のルアーを察知できないようサイドまたはアンダーハンドでキャストし、ルアーの軌道を橋脚からずらします。

着水したら速巻き。

この時、橋脚の縦の壁と水面の壁を利用するため、橋脚から外れないように徐々にスローダウンしてルアーを止めます。バスの習性で獲物を水面、橋脚という2つの壁に「追い込んだ!」と思わせるためです。このポーズで食う時とタイトに速巻き中に食う時があります。

でかバスを狂わせる「エイトトラップ」

それで食わないバスに対しての最後の悪あがきが「エイトトラップ」です。

バスの気配を感じたらロッドティップからラインを20センチ前後出した状態で左右に8の字を書くようにバラムを激しく操作します。今までチェイスだけで終わっていたバスを釣るワザです。

この時の注意点はエイトトラップで食わせたいなら、それを前提に壁があるところまでボー

トを惰性で進めておくことです。追い詰める壁が水面ともう一つあるかないかでスイッチの入り方が大きく変わります。

また、エイトトラップ中はエレキを絶対に踏まないこと。スイッチが入って狂っていたバスが一気に醒めます。

エイトトラップで食ったら瞬時にクラッチを切ってやり取りに入ります。バラムはでかく鋭いトリプルフックが3つついているのでハンドランディングではなく、ネット使用が安全でお薦めです。

バイトが全然なくてもタイミングが合えばでかバス3連発とか、モンスターが突然出たり…というのがバラムの釣りの醍醐味です。

まずは適正なタックルで投げ続けること。投げ続けないと分からないことがあります。

巨大なバスがストライクしたら、ホントに感動します。

一刀両断

A

どでかいバスだけ狙いたい時が「バラムの出し時」。

一刀両断

Q

ハードルアー

タイプ別ミノーの使いこなし術

ミノーの選び方と使い方を教えてください。

小魚のフォルムとアクションでバスを誘う

ミノープラグ。いわゆるジャークベイトですね。

小魚を模したルアーなので一年中使えます。タイプによってただ巻きが向くものや、ただ巻きよりジャークが素晴らしいものなどがあります。

まず、フローティングモデルは潜らせられるトップとして使います。使う時期は春から晩秋くらい。トップに出きれない状況で、水中で誘い、浮かせる途中や水面でバイトさせます。

使い方の基本はサスペンドもフローティングも基本は同じ。

2回ジャークして止めます。ルアーは左右にダートしてフラッシングします。またサウンドでもアピールします。

ちなみにジャークほど大きくロッドワークさせないで小刻みに動かす動きをトゥイッチと言います。

最もフローティングジャークベイトが効くのはアフタースポーン期です。完全にミノーが浮上した時にバスが出ると菊元的に判断した時は、サイドステップの高浮力ボーン素材のハイフローティングモデルを使います。

浮上中にバイトするようならサイドステップのレギュラーモデルを使います。グラスエッジやバスが沿って浮けるような杭や立ち木、岩盤あるいはバンクのカバー際などで使うと効果的です。

サイドステップはジャーク&ポーズで使うのが基本。

軽くチョン！　とアクション付けてポーズ入れる釣り方も有効です。強いジャークがいいのか、弱いトゥイッチかはその時々で試してください。

また、サイドステップ95はお尻を振らないタイトアクションなのでジャークもいいですが、ただ巻きや、巻きからのポーズといった使い方も有効です。ハンドルを4～5回巻いてからポーズを入れるのが効果的で、ジャークより簡単に誘えるのが魅力です。

サイドステップSFとフェイスはスローフローティングです。同じくジャーク&ポーズで使います。

これらは、水面近くまで出てこない状況や、クランクベイトやスピナーベイトでバスが追い付かないと判断したら使います。

シビアな状況下ほどジャストサスペンド調整

また、晩秋から冬にかけての低水温期や真冬、春先などは、霞ヶ浦水系のように浅く濁ったフィールドは別として、接着オモリシールなどを貼って完全にサスペンドに調整して使うのも効果的です。

サスペンドと表示されているプラグでも水温の違いでサスペンドしないことが多いので、必ず現場で貼る重さを調整してシビアな時ほど完全サスペンドにして使います。

クリアなフィールドでは水深５メートル以深から浮上して食うことがあります。

サイドステップＳＦは無理やり水を押す感じで左右にステップする動き。ちょっと濁っている時に有効です。

フェイスは不規則に左右上下に飛ぶ動きでクリア気味の時に有効。ジャークの抵抗も軽いです。

なお、強風時は重心移動で投げやすいフェイス、もしくはサイドステップ95ＳＦが使いやすいです。

急激に水温が下がった時ほどジャーク後のポーズ時間を長くとります。僕は最長で5秒くらいです。10秒止めるのは、なかなか我慢できないです。バスはジャークでルアーを発見し、ポーズでルアーとの距離を縮め、徐々に近づいて遂には止まっているプラグにバイト…するイメージで使います。

ジャークのコツはしゃくってラインを張った瞬間に即、緩めることです。この繰り返しでプラグが大きく前方に移動せず、少ない移動距離で誘えます。

一刀両断

A

ミノーのタイプ、サイズ、浮力タイプによって、水中の動きを使い分ける。

一刀両断

Q

ハードルアー

ポッパーとペンシルベイトの使い分け

ポッパーとペンシルベイトの使い分けを教えてください。

操作によって真価を発揮するトップウォータープラグ

ペンシルベイトとポッパーは、代表的な操作系トップウォータープラグですね。

ペンシルベイトはその形状とウエイト配分で、ポッパーに比べロングキャスト性能が優れています。つまりスクールでフィーディングやボイルしている魚には圧倒的な優位性があるトップと言えます。

また広く速く探れることも特長です。**ディスタンスの間合いが必要となるクリアウォーターでアドバンテージを発揮します。**

一方、ポッパーはある程度狙いの場所を決めて、サウンドやスプラッシュなどでバスに気づかせて、浮上または近づかせてバイトさせるルアーです。

ペンシルベイトに比べポーズを多用し、ポーズ時間を長めに取るのがポッパーの使い方の典型です。また、日本ではムシパターンが効く時期があるので、オーバーハングのシェードなどにポッパーを入れ、ワンポップさせてロングポーズなども有効な使い方の例です。

テールフックのフェザーがかなり効いています。クリアレイクでは、かなりのディープからでもバスを浮かせて、バイトさせられるのもポッパーの長所です。

また、琵琶湖南湖のようにグラス（ウィード）が水面まで出ているシチュエーションではアフター以降ではグラスエッジでの「ボコッ！」とサウンドとダイブを一回だけでポーズを取るメソッドが、アフタースポーン以降かなり有効です。

これを広範囲に探るペンシルでやると水面のグラスを拾い過ぎて効率が悪くなります。ポッパーをスポットで使うやり方のよい例です。

菊元的には攻めが早いペンシルベイトの方が好みです。

間合いが近すぎるとバスにこちらの存在を気付かれてから釣ることになるので、場所を休ませてからフィネスで釣ることになりがちです。

遠投の効くペンシルならバスに気付かれない間合いから撃ち込め、時にスモラバよりはるかに簡単にビッグバスをゲットすることができます。

また、どこで起きるか分からないボイルにも、遠投性能を活かしたボイルシューティングで対応できます。

僕が使うペンシルは飛距離、アピールの順にジャスティーン、ジャスティーン115、シャワーブローズ、シャワーブローズビッグママです。

ビッグママが一番飛びます。ジャスティーンはノンラトルで最もナチュラルです。シャワーブローズは正確にはペンシルポッパーに分類されます。シャワーブローズのスプラッシュとサウンドは、仲間のバスが水面でフィーディングしているとバスに勘違いさせ、スイッチを入れる能力があります。ジャスティーンはクイックな連続ドッグウォークで突然乱れる動きがバスのバイトトリガーを引くルアーです。

一方、ポッパーで現在使っているのはワン

ズバグのみです。
捕食音、スプラッシュ、首振り全てができて、ラインスラックとロッドワークを組み合わせると、サウンドの質や首振りの幅、ダイブなど色んなバリエーションの音と動きを出すせるポッパーです。

菊元的に大まかに言えば大場所を広く速く探るのがペンシルベイト。連続ドッグウォークで基本的にはポーズを入れないことが多いかな。

一方、小場所をネチネチとポーズを織り交ぜてじらせて使うのがポッパーという使い分けです。

一刀両断

A

広く探れるペンシルベイト、ピンスポットに強いポッパー。

一刀両断 Q

メタルルアー

メタルバイブとメタルジグの基礎テクニック

メタルでの釣り方がよくわかりません。どういった釣り方をしていますか？

メタルバイブレーションは巻いてよし、シャクってよし

メタルルアーは、メタルバイブレーションとジギングスプーン(メタルジグ)に大別されます。僕が使うメタルルアーは、リトルマックスとメタルマスターです。

リトルマックスは近年、リフト&フォール(シャクリ)で使うことが浸透していますが、おかっぱりではボトムを取ってからのスローリトリーブも実はよく釣れ、さらに根がかりが少ない釣り方です。

よく飛ぶ特性を利用して、幅が狭い川や小さな池などではフィールドを全て輪切りで効率よく攻めることができるので「巻くメタルバイブ」を覚えておきましょう。

おかっぱりで、シャクリで使う場合は根がかりがどうしても多くなります。斜め前方などへ

キャストして根がかっても、正面に行けば根がかり回収棒が届く位置までのキャストに留めるとロストが少なくなります。

リトルマックスはシャクるとブルブルとバイブレーションし、落とすとスーッとスライドフォールします。

このアクションの劇的な変化に加え、見た目も横からは大きく、スライドした時は棒状に細く一瞬消えたようになる視覚的変化もバイトを誘う要因です。

僕の場合はシャクリ幅は感覚的にはロッドティップを10センチくらいリフトするイメージ。実際は多分もう少し大きく動いています。落とす時はテンションを少し緩める感じ。

ボトムでは時にポーズを5秒くらい入れるのも効果的です。ボトムに横たわったルアーをバスが見つけた！と思って吸い込むイメージです。

一方、メタルマスターは落ちる時にゆらゆらと不規則に滞空時間の長いフォールを見せます。シャクるとヒュッ！と上昇し、落とす時またはボトム着底でバイトさせるイメージです。

僕の場合トントーン！と2回シャクって、次はトントントントーンと4回シャクるのが基本動作。

リトルマックスより高くシャクリ上げて不規則なフォールで長く誘うイメージです。

フォール時はあえてラインを張ってゆっくり落としたり、フリー気味に早く落としたりとアクションに変化を付けています。

フォール時のバイトはリトルマックス同様、感知しにくいことも多いですが、次のシャクリの動作が同時にアワセの動作になるので問題はありません。

リトルマックスもそうですが、リザーバーなどのディープではキャストしてリフト&フォールの後の、ピックアップ時の浮き上がる軌道変化でのバイトも多いので、ルアー回収時も気を抜かないこと。

メタルルアーでベイトフィッシュの群れを直撃する

ボートでは魚探が必要ですが、リトルマックスもメタルマスターもベイトフィッシュの存在を思い切り意識します。

メタルをシャクることで、ベイトの群れを散らしてバスにスイッチを入れ、そこに残ったルアーがバスに襲われるイメージで僕は使っています。

ワカサギレイクなどで、ワカサギのレンジがボトムから水面近くまで幅広い場合は、意識してシャクリの幅を大きくするのも有効です。

魚探が無い場合などは、岬など水深変化が大きい場所で、浅い側に投げてシャクリながら深いレンジまで探っていくのも有効な方法です。

ドロップショットリグなどより、手返しよく効率的に探れて、食い気がないバスをリアクションバイトさせるメタルの釣りは、僕の手駒の中でも大きな武器です。

ぜひ、メタル系ルアーをマスターしてシャローから中層、あるいは15メートルを超えるスーパーディープ攻略に役立ててください。

一刀両断

A

メタルルアーの釣りはシャクリをマスターすべし。

一刀両断

Q

ジグルアー

ブレーデッドジグのベーシックテクニック

いまいちチャターの使い方がわかりません。シーズン、フィールド、場面がまったくわかりません。

本場アメリカでの呼び名はブレーデッドジグ

僕にとってチャター系ルアー（ブレーデッドジグ）は世界のジャックハンマーだけなので、以下はジャックハンマーを例に解説します。

シーズンは基本的には真冬以外は有効です。

特にサイズが選べるのはプリスポーンの時期。春先のまだ寒い時期でも、風が吹き出したタイミングにウィンディーサイドで使うと、やる気のあるでかいのが釣れる可能性が高いです。

春は一年で一番でかいのが釣れる時期です。

それと秋から初冬にかけては、スローな釣りよりもサイズアップが期待できます。

僕がジャックハンマー使うタイミングとしては風、濁り、あるいはカレント（流れ）が出だした時を重視しています。

フィールドは特には選びませんが、普段クリアなリザーバーなどでは風が吹いた時や雨で流れ込みができて濁りが入った場所などでは特に効きます。

使い方は投げて巻くのが基本。

ジャックハンマーは基本的にやたら不規則に軌道を変える（よくチドると表現される）のではなく、直進性能に優れています。

やたら左右に飛ぶ（チドる）チャター系は、障害物にタイトに引きたい時に根がかりの原因となります。

ジャックハンマーは一定のスピードで巻いて、「ここぞ！」という食わせどころで、リーリングを瞬間的に早くしたり、ロッドでジャークしたりして容易にチドらせることができます。

グラス（ウィード）がある場所では、グラスに一瞬スタックして外れた瞬間などが食うきっかけとなります。グラスエリアでの使用はジャックハンマーの威力をより引き出します。

トレーラーセレクトでアクション特性を変化させる

覚えておくこととして、ジャックハンマーに装着するトレーラーによってイラテックアクション(チドる動き)を出しやすくしたり、同じスピードで巻いてもレンジを変えられること。違う言い方をすればトレーラーによって違った性格のルアーになります。

僕の場合は安定して真っすぐ引きたい時は、シャッドテールタイプのヘッドシェイカーを装着。サイズは4インチがメインです。テールに抵抗があるので、チドりにくく、スローに表層を引けます。

同じスピードで引いた時により深いレンジを引けるものでは、ツインテールリンガー4・7インチをよく使います。こちらは細身なので抵抗少なく、チドりやすいです。つまり抵抗の少ないワームでは、リーリングスピードアップなどでより変則的に飛びやすくなるということです。僕は釣りのスピードを落とすことなく、泳がせるレンジを下げたい時はツインテールリンガーを選びます。

菊元的には着水後、ボトムまで沈めずスピーディーな展開で使うのが好みです。なので、シャロー攻めでは皆が3/8オンスを使うシチュエーションでも1/2オンスを使うことが多いです。

また、2次的な使い方として、ボトムまで沈めてのリフト&フォールやボトムに時折当てながらのスローロールが有効な時もあります。

この時は3/4オンスや1/2オンスも出番です。ワカサギレイクなどでディープから幅広くワカサギが確認できるような時は、水深8メートルくらいのボトムまで落として斜めに巻き上げるような使い方も時に有効です。

ジャックハンマーは明確な振動とサウンドを持ち、かなり遠くからバスが飛んで来て食うことも多いです。**僕はクリアな場所ほど、より速巻きを意識して使っています。**

手元まで巻いてきて足元でのストライク（追い食い）も多いので最後まで気を抜かず巻いてください。

A　一刀両断

基本は投げて巻く。ここぞといく食わせドコロでチドリアクションを決めろ！

一刀両断 Q

ジグルアー

ラバージグの中層メソッド

ラバージグを中層で使う時のアクションや、レンジの探り方を教えてください

ラバージグでの中層攻略は現代の必須テクニック

ラバージグを中層で使うのは、ラインを張って緩めてを繰り返す伝統的なホンガリングや、リールをただ巻きするスイムジグ、また、ロッドをシェイクしながらスラックを取りつつ泳がせるミッドストローリングなどがあります。

ホンガリングはジグを一定のリズムでホップさせ、その後落とす…という動作を繰り返すワザです。ホップで追いすがるバスを、上方向だった軌道からフォールを入れる「動きの変化」でバイトさせるイメージです。

誰しも、ピンスポットの何かや、ハードボトムなどを感じながらジグやワームを操作したいところをあえてボトムから浮かせて、ピンスポットやブレイクから離れてサスペンドするバス

を獲る、菊元俊文伝統の技です。

ホンガリングは、グラストップや水温躍層に浮くバスを獲るのにも有効で、ジグはキャスティングジグ、フットボールジグなどで使います。

ラインを張った時はジグの重みを感じますが、それがフッ！と軽くなるのは実はバイトなので電撃的にアワセます。

一度ボトムを取ってから同じリズムでジグを浮かせていき、浮き切ってから再びボトムに沈めるのがホンガリングの基礎動作です。

スイムジグはグラスリッパーにヘッドシェイカーなどのシャッドテールを付けて巻くのが基本。

ジグの重さによって、同じスピードで巻いてもレンジが変わります。この時、2メートルレンジを一定トレース…というのは、ほとんどイメージの世界です。

レンジキープにこだわりすぎるな

ざっくりとレンジは3つ。

まずは、スイムジグの泳ぎが見えるレンジ。その次はボトムまで一旦落として、巻いている

時に時々ボトムやグラスに当たるレンジ。そしてその中間といったレンジで、とてもファジーです。

クリアウォーターのハイシーズンではあえて重いジグで見切られないよう、ジグが見えるレンジを速く引きます。

また、マッディで浅いなら、軽いジグで同じレンジでもゆっくり引くなどの使い分けが有効となります。

バイトは前アタリのようにコツコツきてグーッ！と持って行く感じが多く、巻きながら大きなストロークでアワセます。

早アワセは厳禁です。

ミドストはC-4ジグ&アントライオンなどで、ロッドを揺さぶりながら、ジグがこちらに寄って来た分だけのラインスラックを巻き取る中層の探り方。

1・8グラム程度のジグで2メートルくらいを引くイメージで、きちんとできていればピックアップする時にスモラバがかなり下のほうから上がってくるはずです。

ピックアップのかなり前からジグが見えてしまったら、ラインスラックの巻取りが速すぎと判断します。これも、大体でいいので何メートルくらいを引いて来ている…くらいのイメージでやります。

ただ、あまりにも根がかりが多発するならば、ラインスラックの処理スピードが遅すぎると思ってください。

ミドストは、ジグヘッドリグやドロップショットリグ、あるいはネコリグなどのライトリグでやることが多いメソッドです。

これをスモラバでやると、ラバーが「パッ！　パッ！」と素早く広がったり閉じたりする視覚的ボリュームの変化や、その変化とトレーラーの動きとのタイムラグ、そしてラバーとトレーラーの水押しなどが特徴で、ワームとは違うアピール力を持っています。

ジンクリアなフィールドではジグヘッド、濁りを感じたらより存在感の強いスモラバのミドストが有効なように感じます。

ボトムと水面以外は全て中層です。あとは感覚で上のほうの中層か、下に近い中層かを意識してやってみてください。

A 一刀両断

ホンガリング、スイムジグ、ミドストでざっくり3レンジを探る。アクションとレンジをイメージする感覚がキモ。

一刀両断 Q

ワームリグ&ジグルアー

カバー系ルアーの状況別使い分け

テキサスリグ、ゼロダン、ラバージグの使い分けを教えてください。

カバーへの出し入れ時に特徴あり

カバーに対して使う前提で3つのリグを解説します。

同じウエイトならゼロダン(リーダーレスダウンショット)、テキサスリグ、ガード付きラバージグの順で、カバーの隙間に入れやすいです。

ただし、入れやすいのとピックアップで出しやすいのは同じではなく、カバーからスムーズに出しやすい(抜きやすい)のはゼロダンよりテキサスリグです。ガード付きジグは出しにくい構造になっています。

それだとジグはカバーで使いにくいのかと感じるかもしれませんが、僕が対カバーで最も多用するのはラバージグです。**でかバス率が高いというのがその最大の理由**です。

ジグは同じトレーラーならラバーの抵抗があるので、スローにフォール。またボリュームアップし存在感があり、視界が悪いカバーでもバスに発見されやすいです。また、オーバーハングではスキッピングがしやすいのもいいです。ちなみに、最もスキッピングがしにくいのはゼロダンです。

また適度なスタック感があるのもジグの特徴で、抜け過ぎず枝に持たせるよう引っかけて、繊細に誘うことができます。

ただし根がかりさせずに誘ってピックアップするには繊細な操作を身に着けることが必要です。この点ではテキサスの操作のほうが簡単です。

ゼロダンはカバーの隙間にチュルリンと入りやすい構造で、ジグなら重さが1／2オンスはないと入らないカバーでも、1／4オンスで入れられたりします（テキサスリグはその中間）。着水から真っすぐ落ちやすいので、縦に伸びる対象物をタイトに狙うことができます。**ゼロダンはこの特徴を生かして障害物の少ない場所でも、岸ギリギリをタイトに攻められます。**

スライドフォールしやすいのはテキサスリグやジグです。

ボトムでは、ゼロダンはテキサスリグよりワームの下面が水を受けやすいので、僅かな水流やロッドワークで機敏にアクションさせられます。

またフォールで、テキサスリグだとアクションしないような軽いウエイトでも、際立つテールアクションがでるのもゼロダンの利点です。これは、ラインアイより下側にウエイトがくるからです。

ただ、細かい枝カバーやゴミ溜まりなどで、入れるのはスムーズですが、抜く時にテキサスリグより根がかりしやすいです。

テキサスリグは汎用性の高さが魅力

ここまでの解説で**テキサスリグが一番中庸的なリグ**だということが理解できたと思います。

例えば僕が好きなゴミ溜まりなどのフローティングカバーでは、カバーの濃さに応じてウエイトを変えて突き破るテキサスリグのパンチングが最も効率的です。

逆にカバーがそれほどではない場所では、テキサスリグを撃って少しズル引いてハードボトムを感じながら探るのもよい方法です。

また通常ウキ止めゴムでシンカー固定しているテキサスリグと、ウキ止めなしのフリーシンカーテキサスリグでは大きくリグの性格が異なります。

フリーシンカーではシンカーが先に着底。ワームはその後ノーシンカー状態になるので、低活性時やカバーの密度がそれほどでない時に極めて効果的です。

特にラバージグのバルキーなボリュームを嫌う時や、ゼロダンの頭から落ちるフォールを嫌う時などは効果を発揮します。

まとめると、使用範囲が広いのがテキサスリグ。でかバス狙いのラバージグ。隙間に真っすぐ落とすゼロダンといったところです。

一刀両断

A

カバーへ入れやすいゼロダン、出しやすいテキサスリグ。でかバス狙いならラバージグ。

一刀両断

Q

ワームリグ

アピールパワーの強い
ロングワームメソッド

ロングワームが効くシチュエーションを教えてください。

でかバスキャッチ率の高さをほこるワーム版ビッグベイト

ロングワームの釣り。いわばワームのビッグベイトです。遠くからでもバスに発見されやすく集魚力が高いのがいいですね。僕が最も多用するのが12インチボウワーム。２０１８年にはネコリグで2本ロクマル獲りました。55アップ率も極めて高いです。

使うシチュエーションとのことですが、**特にフロリダ系のバスがいるレイクやでかバスがいるレイク、またリザーバーで有効**です。

菊元的には、ジャイアントベイトのバラムにバスが出てくる気配が全然なく、「レンジがちょっと下かな？」「活性がそこまで高くないかな？」という時に使います。

また、いい地形の深場でひとしきり釣った後、ローテーションの最後で使うとでかいのが食う時もあります。**僕はでっかいバスは本能的に長いワームが好きだと思っています。**

ベストな季節はプリスポーンから晩秋まで。

ワームの長さゆえ、バイトがあってから送り込んでアワセることが多いので、基本的にヘビーカバー直撃などは苦手です。カバーはアワセる前に巻かれてしまうことがあるからです。

しかし、カバー最奥に入れなくても、バスがロングワームを発見して出てきて食ってくれることが多いです。

ロングワームは多彩なリグで使える

ロングワームで僕が最も多用するのがネコリグです。

フックは、デコイ・カバーフィネスHD（ガード付き太軸ネコリグフック）の#2／0か#3／0です。シンカーは1／16オンスが基本です。フックの位置はハチマキのやや上くらいです。

アクションはラインテンションをなるべくかけないスローなズル引きが中心です。ロッドワークは、基本的にラインを張り過ぎないように縦にさばきます。

なにか根がかりそうになった時だけ、軽くほぐす動作をします。流れのあるところではドリフトさせてもいいです。

サイトフィッシングではバンクキャストといって、いったんルアーを岸に乗せてから着水させるプレゼンテーションが有効です。

スモラバやフィネスなリグで無視された状況でも、12インチボウワームはバスが遠い距離からすっ飛んで来て食うことがあります。

また、高浮力モデルではセンターバランスになるようにワッキーにかけ、ノーシンカーで使うのも有効です。この場合はラインをなるべく水に着けないようにシェイクしながらゆっくり移動させます。

高浮力モデルは、他に変形ドロップショットリグの「ウナギリグ」も有効で、特に産卵がらみの時期にはビッグママに極めて効きます。

14グラム以上のヘビーテキサスリグで早い動きのリアクションで誘うのもグッド。この場合は、ネコリグやウナギリグなどと同じように送り込んでのアワセではなく、一気に吸いこむバイトが多いのでフルパワーで即フッキングします。ヘビーテキサスリグは倒木や立ち木などのヘビーカバーでも有効なリグになります。

もちろん、ロングワームを一気に吸い込むのは、ゴンザレスを楽勝で超えるでかバスです。

そんなでかバス率が高いロングワームですが、菊元的な印象ではワームが2つに折れ曲がるネコリグは全体に小さく見える効果があるのかバイトが多く、時には40センチ以下の小さなバスも釣れてしまいます。

一方、30センチそのままの長さに見えるウナギリグやテキサスリグは、食えばほとんどがでかいという印象が強いです。

一刀両断 A

でかバスフィールドやフィネスが効かない状況など使う場面は数多い。

第4章 「菊元流」上達の心得編

バス釣りの上達のためには
フィールドや季節を読む力、
バスの反応に合わせた
ルアーやタックルセレクト、
試行錯誤による経験の
積み重ねが求められる。
そして、これからもバスフィッシングを
みんなで楽しむために
菊元さんが伝えたいこととは…。

バス釣りの悩みをわかりやすく解決！一刀両断

一刀両断

Q

上達の心得❶

釣れない時の
対処法その１

釣れない時にどんなことを考えながら釣りをして、次のゲーム展開を組み立てているのでしょうか？

バスフィッシングは釣れない時間がほとんどを占める釣り

バス釣りは釣れた時間より、釣れない時間の方が遥かに長い。

釣れない時間は無駄ではなく、自分が「バスがおる」と思う場所を探し、様々な景色（地形や地質）を試して、様々なレンジを試す時間です。

バス釣りはバスが「おる」場所が一番大切。

いない場所ではいくら釣りが上手くても釣れません。

シーズナルパターンから場所を選び、今バスがいると思うレンジから探っていきます。プラクティスなどしていない場合、釣り始めはなるべくスピーディに探ることを心がけています。

ここで重要なのが単純にいるだけでなく「食う」、あるいは「釣れる」バスがいるかどうか

ということです。いるけど自分の持ち駒のルアー、釣り方で釣れないバスは、例え「いても」その時は「いない」と同じと考えます。

ただ釣れないバスが、タイミングによって釣れるようになることがあります。そのきっかけとなる要因があります。

また、強い思いで「これで釣りたい」というルアーがあるのなら、それで釣れるだろうと思う場所を徹底的に試していきます。

例えば「バラムで釣りたい！」と強く願うなら、タイミングを計り何度も同じ場所に入り直します。全く同じ場所でも風が強く当たる、カレントが発生する、雨あるいは朝夕のローライト、ベイトフィッシュが浮き出すなどの状況変化で、急に釣れるバスが「おる」場所に変化します。

これは他のルアーでも同じです。

釣れない時間は、そういう状況になるタイミングを待つ時間となります。

途中で他のルアーや食わせの釣りに走って、器用に釣ってしまうとモンスターとの遭遇を逃がすことがあります。

そうはいっても、ロケなどでどうしてもバスを釣りたいなら、他の釣りを試していきます。巻きモノルアーで釣れないなら、横の動きから撃ちの釣りで落とす釣りにシフトしたり、巻ける場所は巻き、カバーは撃つ釣りにシフトしたりします。

ただし、巻きや特定のルアーに強いコンフィデンス（自信）があるなら、徹底的にそれで通す時もあります。同じルアーを投げ続けることでキャスト精度、リズムがどんどん上がることが自覚できるからです。

精度を上げることで、様々なルアーをローテーションしていたら入らなかったスポットにキャストが決まり、釣れなかったバスが釣れることを知っているからです。

それでも釣れないならエリアや場所のパターンを変えます。

川筋を変える。ワンドからメインレイクへ変える。上流から一つ下のベンドへ下がる。上流から最下流へ大きくエリアを変えるなどです。

表層でベイトあるいはバスが全く見えない状況では、ルアーのレンジを落とす。あるいはそういう場所を求めて大きくエリアを変えます。大きく動くことで見える景色が一変することがあります。

わずなヒントもバスへの手がかりとなる

また釣れなくてもバスのチェイスやミスバイトは大きなヒントとなります。

一つのチェイスや一つのバイトがその後の釣りの展開を大きく変えてくれることは、何度も経験しています。

それは扉を開いてくれる重要なキーとなることが多いです。

その時に、「ひょっとしたら」と感じたら、躊躇なくそのルアーで同じパターンの場所を探し求めたり、閃いたルアーに即座にチェンジしたりすることで、幾度となく大ピンチを潜り抜けて来ています。

一刀両断

A

バス釣りの大半を占める「釣れない時間」がバスを探す大きなカギ。

一刀両断

Q

上達の心得❷

釣れない時の対処法その2

釣れない時に、自分が下手なのか、バスの食いが渋いのか分かりません。

自分が釣れない時でも誰かは正解を出している

一刀両断します。

トーナメントに出てください。

それがルアーショップ主催の大会でも、仲間内の大会でも、NBCチャプターでもいいので、競技に出てみるのが一番分かります。

試合では自分がどんなに釣れないと思っていても、全員がノーフィッシュでない限り必ず勝者が出ます。**自分で食いは渋いと思っていても、釣って来る奴は釣って来ると分かれば凄い刺激になります。**

まさに言い訳ができない世界です。

また、優勝者や上位入賞者のインタビューなどを聞けば「そんな狙い方、釣り方があったのか!?」と今後の釣りの進化に必ず繋がります。

これは別にプロを目指せということでなく、同じフィールドの同条件で競うことで自分の釣りを見直し、上達のきっかけになるのです。

また、「自分より上手いな」と思える先輩や仲間と釣りに行くことも、大会まで行かなくても大いに自分の釣りの実力を知ることができ、上達に役立ちます。

大いに観察して盗んでください。少なくてもいつも一人で釣りに行くより、複数で刺激がある方が自分の本当の実力を感じられるはず。

釣りは技術と経験です。

魚の居場所を見つける能力が大切です。

経験から推測して魚の居場所を見つけ、ルアーを選び、使い方を導き出すのがバスフィッシングの醍醐味です。

技術面で言えば、例えばシャローを撃っていても、狙った場所に100%撃ち込めるアングラーと10%も入れられない初心者では、必然的に釣果に差が出ます。

ボトムを感じて「ここで食う!」と予測できる人と、ボトムさえ感じられない人では同じく釣果に差が出ます。

ワームの操作でも、ラインスラックの使い方でアタリがたくさん出るか、全く食わないかの大差がつくことがあります。ごく小さなラインの変化をアタリと判断できる人と、何も感じられない人では全然釣果が違います。

でも今述べた技術的なことが完璧にできていても、その場所にバスがいなければ100%釣れないのがバスフィッシングです。

バスの居場所探し、もっと言えば食い気があるバスを探すことが最も簡単にバスを釣る方法。それには経験と、ルアマガなどのメディアで勉強をすること。そしてトライ&エラーが必要です。

まずは、投げる技術を磨くことです。

練習あるのみです。

操作する技術、感じること、ルアーに応じたアワセ方を釣りに行くことで学び、慣れてできるようになってください。

最初から全部のルアーをマスターできなくてもいいです。

テキサスリグでも、ネコリグでもスピナーベイトでも、自分で得意と思える釣りをひとつひとつ覚えていってください。

その釣りでキャスト、操作、アワセなどが一通りできるようになれば、その釣りが一つの判断基準になります。**「これで食わんならバスはおらん」くらい思い切った方がいいです。**

それは必ずしもバスがいない、食いが渋いということでなく、今の自分の釣りで釣れるバスがおらんという割り切りです。

その場所を自分の得意の持ち駒で試して、見切ることができるようになれば、より早くバスの居場所に近づけます。

それと補足ですが「ここはイイ!」と感じた場所、スポットは時間帯や天候の変わり目で入り直した方がいいです。

雨が降っただけ、風が当たっただけで、野生むき出しのバスと出会えることがあります。

A 一刀両断

大会に出れば自分の実力が分かる。
そしてバスを見つける力と
釣りの技術を手に入れよう。

一刀両断

Q

上達の心得❸

数釣りと
型狙いの釣り

上達のためには、数かサイズ、どちらを狙うべきですか？

数を釣ることで得られることは計り知れない

僕個人としてはバス釣りを40年以上続け、バスは何本釣ったか分からないほど経験を積みました。トーナメントの極めてシビアな世界も経験し、モンスターハンティングにはまった時期もありました。

今は数釣りを楽しむことより、でかバス狙いとか「このルアーで、でかバス仕留めたい」「自分のスタイルでバス釣りをしたい」と言う思いが自分の中のバス釣りを占めています。

でも、**これからあなたが上手くなろうとするなら、サイズにこだわらずとにかく数を釣ることをお薦めします。**

バス釣りを始めたら、まずは最初の1本を釣ること。次は数を釣ることです。

釣るためにはバスがその時に食う場所を探さなければなりません。そして、狙ったスポットにちゃんとルアーをキャストできることが基本になります。

サイズを狙うのはそれからです。

小さくてもまず数を釣ることで、アタリを多く経験できます。

数を重ねることがグッドサイズへの王道

釣るほどに、今までアタリと感じていなかったのが実はアタリだったことも分かるようになります。

バス釣りには様々なルアーやリグが存在し、アタリを出すための竿さばき、糸さばきがそれぞれ異なります。

ルアーやリグの種類、タックルの強弱でアワセのやり方も異なります。

例えば、細いラインを合わせたスピニングタックルで扱うマスバリのライトリグでのアワセと、カバーの奥に打ち込むジグやテキサスリグの釣りではアワセの強さがまるで異なってきます。

いろいろなルアー、リグ、タックルでたくさん釣って経験していくことで、キャスト〜ルアー操作〜バイト〜フッキング〜ランディングの動作がだんだん上手くなってきます。

とにかく釣ることで、動作が上手くなり、でかいのが混じるようになります。

例えばサイトフィッシングでも、基本ができていないと、でかバスはおろか小バスさえ釣ることができません。

見つけること、ルアーセレクト、プレゼンテーション…それらの基本は、サイズの大小にかかわらず釣ることで構築されていきます。

そんな場所はほぼ日本にはないけれど…魚が釣れるパラダイスで毎日釣りをすることが、現実的ではないけれど理想です。

それは間違いなく基本的動作の上達に繋がります。

今からバス釣りを始める方は、僕が本格的にバス釣りを始めた時代より明らかに不利です。昔に比べてバスが沢山釣れる場所が減ったからです。

ジョンボートを手に入れた僕が池原に通い出した頃は「一日100尾釣れる」と言われていました。その実、その全盛期はとうに過ぎていたし、ロクマルもまだいない時代です。

それでも今まで釣ったことがなかった様々なルアーで、数多くのバスを手にしました。

何10本と釣れました。

トップウォーターの釣り、クランクベイト、スピナーベイト、テキサスリグ、ジグヘッドリグなどを学びました。経験値を急激に増やしやすい時代でした。

初めて行った霞ヶ浦では「こんなに釣れていいのか！」くらい釣れました。

でも現在、そんなのは夢の話。

今から当時のような入れ食いやパラダイスを求めるのは現実的ではありません。

だからこそ、わずかなバイトも逃さないため、少しでも多くの経験とスキルを身に着けてほしいと思います。

将来、全身が震えるような感動を味わわせてくれる、貴重なでかバスに巡り合うために…。

A 一刀両断

数を重ねるべきです。釣れば釣るほど貴重な経験となり、自然とバスのサイズもアップするはず。

一刀両断

Q

上達の心得❹

タックルチョイスのヒント

菊元さんはタックルが多いイメージですが、そのチョイスの基準やルールが知りたいです。

タックルが増えてしまうには理由がある

タックルの数は煩悩の数。

僕はエバーグリーンで開発する立場でプロスタッフなので、使えるタックルは人より多いです。最初から使うルアーのお題がある取材などでは絞り込めますが、そうでない場合はかなり多い方だと自覚しています。

その理由は、色んな思いがあるからです。

理由① 特にTVなど映像の仕事ではどこに投げ、どこを通して出たか…つまりストライクが見える釣りを見てもらいたい思いが強いからです。ゆえにビッグベイトやトップ、表層系のルアーが増えます。

また「これで釣りたい」という思いがほかの人より強いせいでもあります。

理由②　でも、それだけではバスが出てきてくれないことを多々、経験しているから。

ストロングな釣りを押し通すのは大切ですが、メディアロケでは多くの人間が関わり、多大な経費も掛かります。「今日はヤバい…釣れない」というのは、すでにバス釣りを仕事にして30年以上経っているので、しばらく状況を見れば分かってしまいます。

自分の思いだけで、押し通してみすみすホゲることがないよう、抑えの釣り用のタックルが増えて行きます。

理由③　仕事なので「このルアーの使い方を説明して結果を出してプロモーションに繋げたい」という思いもあり、そのためのタックルが増えます。

ただ、プロモーションのために特定のルアーだけで釣れるような、甘いことはそうそうありません。**今日はこれと違うなと思ったら、結んで行っても結局１投もしないこともあります。**

理由④　開発している製品のテストを常にしているから。

これも重要な仕事です。開発目的だけで釣りに行く場合、タックルは少数に絞ります。

一方で、ロケや試合での実戦からの極限の状態でないと製品化の可否を問えないことが多々あるから…増えます。

理由⑤　「もしかして」と思うから。

目の前の状況に対応できるルアーテクニックの手持ちがあるのに、現場で「ない！」と言う思いをしたくないから。

特に初めての場所、久々に行く場所。下見や練習しないロケでは季節、水位、透明度が予測できないことも多く、もしかしてと思い出すとどんどんタックルが増えて行きます。

ただ20本ロッドを持って行っても、朝にフィールドを見て半数以上をボートから降ろすことも多々あります。

極端なタックルチェンジはリズムを狂わす

僕は自分でリズムフィッシャーマンだと思っています。**色々とっかえひっかえ、ロッドを持ち替えるとキャスト精度が乱れます。**

極端に言うと、スモラバからバラムに持ち替えて1投目から狙い通りのキャストを決めるのは至難の技です。ルアーの重量も、ロッドの柔らかさもリールのブレーキセッティングも違えばキャストフィールが全然違うのは当たり前。

また、釣りのスピードやリズムも対極のものとなります。即座に釣りのスタイルが全く異なるものにシフトしても、慣れてくるまではなかなか時間がかかります。

菊元的には1日釣りをしてよい結果が出る時は、たいてい丸一日同じルアー、同じタックルで釣り続けている時か、せいぜい2~3本を使い分けている時です。

そんな時は、キャスト精度、リズムがどんどんよくなっていくからです。1つのことをやり続けることで神がかり的なキャストが決まります。

ただ、分かっていても準備するタックルが増えてしまうのは前述の理由ゆえです。

A 一刀両断

タックルの数は煩悩の数。釣れている時には自然と使うタックルは絞られてくる。

一刀両断

Q

上達の心得❺

釣りにまつわるルーティーン

菊元さんのルーティーンってありますか？

バスを釣るための菊元流ルーティーン

バス釣りに行った時の僕のルーティーンは、いくつかあります。

前の夜は出来る限り早く寝る。睡眠不足は集中力の欠如に繋がります。当日はできるだけ早く起きる。朝飯は起きてすぐ必ず食べる。最近はヨーグルトドリンクも飲みます。

それはトイレのためです。もちろん、トイレはできるだけ宿で済ませます。釣り場でお腹が痛くなったら釣りどころではありません。トイレがない釣り場もあります。そうなったら一大事です。また、空腹すぎると頭が回りません。

釣り場へ行く道中はお気に入りの音楽聴いて、テンションを上げます。

最近のルーティーンはＢＡＢＹＭＥＴＡＬ聴きながら釣り場に向かうことです。でも、朝早いので釣り場近くでは迷惑にならないよう音量下げています。

このように気分を上げて、釣り場に着いたら、手首のストレッチなどを行います。腱鞘炎防止のためです。

おかっぱりなら、すぐに水際に立つのではなく、高いところから地形や流れ、バス、あるいはベイトフィッシュなどを観察します。

ボートなら釣り始める前にスタート地点の水温を測ります。この時の水温を基準とします。大体の水温で産卵のバスがいそうとか、もうアフターが大半かなとか仮説を立てます。

また、例えば夏場で水温が高いなら、日が昇ったらまだまだ水温上昇しそうだなと推測したり、朝の涼しい時間帯にトップやシャローをやって、それから流れのあるエリア、あるいはディープへとかの展開のヒントにします。

ちなみにリザーバーなどではバックウォーター上流へ行くにしたがって急に水色がクリアアップしたり、浮きゴミが水面に溜まった場所は、多くの場合、急に水温が変化する場所になります。

そんな場所にはバス及びベイトフィッシュが溜まりやすい傾向が強いです。

釣りをしている時は、こまめにラインチェック、フックポイントのチェックを心がけています。

特にでかバスを釣った直後や、根がかった後などは必ずします。

あと、盲点ですが**釣れない時間が続いた時は、惰性で釣りの動作を続けがち**ですが、そんな時ほど、ラインに傷がないかチェックするようにしています。

でかバスが不意に来て、ラインブレイクしたら目も当てられないからです。過去に何度か痛い目にあっています。

でかバスを釣る基本中の基本は、「結び変える」こと。

さらに常に意識して水中の水色の変化する場所（ブレイク）や色が変わって見えるところ（障害物）、あるいはベイトフィッシュを見る習慣を付けています。

昼は昼飯を兼ねて必ず休憩を取ります。

リラックスすることでかたくなになっていた脳内が一旦リセットされ、ルアーや攻め方が閃きます。僕の場合、休憩時に結び変えたルアーはすぐに食ってくることが多いです。

釣れない時間が続くと、ついつい意地になって釣りの動作を繰り返してしまいがち。そこには動作はあるけど考えはない場合もありがち。

でも、リセットで気分を変えると新たなアイディアが浮かんで来ます。試したいことが浮かんで来ます。リセット、休憩はとても有効だと思っています。

後はでかバス釣れたら「おったなぁ！」と言うことと、バスの匂いを嗅ぐことかな。

一刀両断

A

いろいろあるけど、
釣れない時こそラインの結び直しと
リラックスを心がけています。

一刀両断

Q

上達の心得❻

初めての
ボートフィッシングの心得

初めてのボートでの釣りでは、何をしたら釣れるか教えてほしい。

初めてボートに乗ると逆に釣れなくなる？

ボートに乗るとバスフィッシングの世界が一気に広がります。

それまで、行きたくても行けなかった沖のポイントやルアーが届かなかった対岸にも攻めることができます。ボートフィッシングをすることで使うルアーも攻めるレンジも多様化し、ますますバス釣りが楽しくなります。

ただし、初めてボートに乗ってすぐ釣るのは、結構難しいかもしれません。

両足を大地につけて釣りをするのに比べて、不安定なボートから釣りをするのでは、流されたり、揺れたり、また操船に気を取られたりで、なかなかルアーの操作やアタリを取ることに集中するのは難しいはず。

初めてフットコントロールのエレキを踏むのなら、ボートコントロールと釣りの動作を同時に行うのが、最初の難関となります。

また、手漕ぎボートの場合は移動時には両手を取られるので、釣りをするのは無理です。二人乗りなら漕ぎ手と釣り手を分けて、交代で釣りをするか、アンカリングして釣りをする。またはロープなどでボートを固定して釣りをする方が効率的です。

僕も最初に手漕ぎボートに乗り始めた時は杭などにボートを固定したり、アンカーを多用して釣りをしていました。

固定することで操船に気を取られないで、おかっぱりと同じ感覚で集中してボトムの感触やバイトを取ることができました。ちなみに当時、主に使っていたのはテキサスリグです。

また有効なのが手漕ぎなら風で流れて行きながら、エレキ使用なら一定速でのドラッギングです。

これもバイトに集中できます。リグはテキサスリグでもドロップショットリグでもキャロライナリグでも構いません。

徐々にエレキ操船に慣れてきたら、お薦めはスピナーベイトでのシャロー攻めです。ショアラインに向けてエレキで流しながら、スピーディーにキャストして巻くことで、操船と釣る行為の連動が上達しやすいです。

スピナーベイトはスナッグレス性能に優れているので、根がかりが少なくて手返しがよいので、操船と釣りの連動の上達には最適です。

もう一つ言うなら、スピナーベイトでは通せないカバーをテキサスリグもしくはガード付きのラバージグでフォローを入れることかな。

機動力こそボートフィッシングの武器

おかっぱりとは違う狙うスポットとの間合いなどが学べます。**きっと最初は上手く行かなくても、操船に慣れることが一番の釣れる早道です。**

エレキを踏みながらだと、ルアーを丁寧にスローに刻むことは、おかっぱりより難しいけれど、その分機動力が活かせるのがボートフィッシングの魅力です。

岬、ワンド、アシ、ウィード、岩盤、ガレ場、流れ込みなどなど、様々な景色とルアー、釣り方を合わせて行くのがボートならではのパターンフィッシングです。

その後、魚探が使えるようになれば、さらにボートフィッシングが楽しくなります。

注意点は、特に手漕ぎや小型のレンタルボートの場合、乗る時にどちらか片方に重心をかけたり、急に立ち上がったりする行為は危険です。

バランスを崩して落水したり転覆しやすいです。二人乗りの場合はさらに急な動作に気を付けてください。

落水は命を落とす最たる原因となります。ライフジャケットを必ず身に着けてください。

自分の命は自分で守るのが一番の基本です。

A

一刀両断

安全対策は必須。
その上で、不安定なボートに
慣れることが最初の課題です。

一刀両断 Q

上達の心得❼

ボートフィッシングでの魚探の活かし方

最新鋭魚探を駆使した釣りと感覚を駆使した釣りのどちらが好きでしょうか?

最新鋭魚探は現代のボートフィッシングの必須アイテム

アメリカのトップカテゴリートーナメントから日本のトップカテゴリーまで、最新デバイスである進化した魚探が普及しています。

サイドイメージで広範囲を探って見つける。360イメージングで地形変化や魚の動きまで見つける。ライブスコープで地形変化の高さや魚そのものをリアルタイムで見る。

昔では考えられなかったことが現実化され、魚探かけの時間も省略される時代になりました。

昔は、試合に挑む前のプラクティスでは延々と魚探かけに時間を費やして、見つけた漁礁や沈船、あるいはハンプなどをヤマタテして、一発でどの方角からでも入れる練習をしたものです。

いまはGPSでウエイポイントを登録しておけば、少々場所がずれても360イメージングで大まかな距離を把握して、その方向へライブスコープを当てれば一番いいスポットを確認することができます。

エレキのスポットロック機能を使えば船の位置を固定し、一番よい場所に一発でルアーを入れることもできます。

見えない水中への精度が飛躍的に向上しました。

ルアーを投入すると落ちるルアー、それを追うバスまでが見えます。ただ自分の経験ではチェイスする魚をライブスコープで確認しても、9割以上はバイトしなかったです。

ただし、ベイトの群れが襲われている画像を見て、ルアーを投入すると一発でバイトしたことも何度もあります。

要は食い気が出たタイミングが大切ということ。

いわばハイテクなサイトフィッシングです。ワカサギレイクなどでオフショアを釣る場合はかなり有効な現代の釣りです。

ただ、菊元的には今までの経験とセオリーから地形を読み場所を選び、魚探に頼らない釣りでバンクを撃つ時間の方が遥かに長いです。

基本的に僕は岸を撃つ、「バンクビーター」のスタイルなのです。

おかっぱりで「バス臭いなここ」といった感覚は今も大事にしています。

またベイトフィッシュが水面に見えた。今まで見えなかったけど急にバスが見え出した。などということには、必ず理由があります。

今まで水面で動くことが無かった落ち葉が流れ出した。それは今までなかったカレントが出だしたということなどです。

そういうことに敏感になりたいと僕は常々思っています。

見つけるべきは食い気のあるバス

魚がいることが分かることは重要ですが、「食う魚がいる」ことが分かること。食い気がある状態を捉えることの方が遥かに重要です。

そのきっかけがカレント（流れ）であったり、ベイトフィッシュの群れが入ったことであったり、風が当たることであったりするのです。

最新デバイスを使いこなすことは大切ですが、時合いやタイミングを捉えることと感じることができることが前提でありもっと大切なことだと僕は思っています。

ちなみにサイトフィッシングを意識して浅瀬に入る時は、高額な魚探全ての電源をオフにしています。振動子から出る超音波のサウンドは明らかに釣るための障害になっていると知っているからです。

魚探では魚は見えますがバスだとは断言できないことが多い。

でも、**自分の目で見つけた魚は、明らかにでかいバスと分かる**ことの方が多いからです。

試合やその前の練習では最新魚探にも頼ります。

でも、僕はどちらかというと自分の目と経験で探して時に閃かせる。そんな釣りのスタイルの方が好きです。

一刀両断

A

最新デバイスのメリットを活かすためには、自らの目と経験が不可欠。

一刀両断 Q

上達の心得❽

子どもとバス釣りを楽しむ方法

子ども（小学生）にバス釣りをさせたいのですが、楽しさをどう伝えたらいいと思いますか？

子どもは釣りに集中できない

子どもは釣れない、アタリがないとすぐに飽きてしまいます。自分の子どももそうでした。どうしてもバス釣りの楽しさを教えてあげたければ、**「自分が釣ろう」などという思いは断ち切ってキャストから全て教えて、見守ってあげないといけません。**自分が当たり前にできる釣りの動作も、子どもにとってはめちゃ難しい動作であることが多いのです。

失敗しても、できなくても怒ってはいけません。親は自分の釣欲を断ち切って、面倒を見ることに徹することです。最初はキャストできるだけで誉めてあげてほしいです。

ちなみにベイトリールならメカニカルブレーキを締めて、クラッチを切ってもルアーがほとんど落ちないくらいに調整すると、バックラッシュはかなり防げます。

ひとつひとつの動作が順番にできるようになったら誉めて、次のステップに行けるように見守る。

飽きてきたり、疲れて嫌になってきたら休憩したり、食事したり、思い切って日を改めるくらいがいいでしょう。

水辺の様々な生き物や昆虫などに気を取られる様子があれば、釣りが好きになる素質アリ。子どもが釣りに飽きて、ほかの対象に興味が移っていても暖かく見守ってあげましょう。

子どもに投げさせるルアーとしては、根がかりしにくいテキサスリグやスピナーベイトなどがお薦めです。

一方で、子どもが様々なルアーを見て「これで釣りたい。これ投げたい」という興味、好奇心も大事にしてあげてください。

どうしてもロストされたくない大事なルアーは持って行かないこと。

また、キャストするときの周囲の安全確認や、ルアーをロッドティップにぶら下げたまま、うろうろしないなどの安全確認は徹底して厳しく教えてあげてください。

他人にルアーを引っかけたりしたら危ないということを教え込んでください。

陸っぱりでも、親はもちろん、子どもにもライフジャケットを着用させてください。万が一のことがあると一生後悔します。

ただ、余程いい釣り場でいい条件でないと、バスは初心者、まして子どもには釣るのにかなり難易度が高い魚です。

菊元的には、最初はニジマスなどの管理釣り場のエサ釣りがお薦めです。浮き釣りでもミャク釣りでもいいです。

子どもにアタリと魚の引きを感じてもらおう

とにかくアタリがあり、魚の引きを味わうことが、釣りの楽しさを伝える一番の方法です。

エサ釣りは、のべ竿でハリが1本なのも、トレブルフック付きのルアーを投げるより安全です。バックラッシュなどのトラブルもありません。

また、管理釣り場は足場がよく、万が一落水したときでも海の防波堤などと違い安全です。

とにかく、アタリを感じ、魚の引きを味わうことが、釣りそのものに楽しさを感じる最初のステップだと僕は思います。

あと、「この人面白いなー」と自分が思うプロアングラーの動画などを子どもに見てもらい、子どもも「釣りって楽しそうだな」「僕も（私も）バス釣ってみたいな」と思ってくれれば、かなりしめたものです。

僕は自分の映像を通じて、子どもや釣りをしていなかった人たちにバス釣り、そして釣りの楽しさを伝えていきたいと思ってロケに挑んでいます。

釣りの啓蒙はプロアングラーの責務でもあります。

それに、子どもが本当にバスに興味をもてば、いちいち教えないでもルアーの名称などを勝手に覚えてくれるものです。

一刀両断

A

親は釣りを封印し、エサ釣りやキャスト練習から始めましょう。決して怒ってはいけません。

一刀両断 Q

上達の心得⑨

釣りを楽しむために心がけたいマナー

菊元さんが普段から心がけている、釣り場でのマナーについて教えて欲しいです。

マナーを守ることは「バス釣りを守る」こと

どんな遊びでも人が多く集まると、近隣住民が不快に思ったり、ゴミ、駐車問題などが出て来ます。

バス釣りも同じで、僕は早朝から大きな声を出すことなどは自粛しています。

また、水辺でのゴミは、その全てが釣り人が出すものではないのですが、釣り人が増えたからゴミが増えたと思われないように気を付けています。

僕は「自分が来る前より綺麗に」、少なくとも「自分が来る前と同じ」の状態で釣りを終えたいと思っています。

ロケなどでは明らかに釣り人が捨てたと思われるラインなどは、映像に映らないところで回収しています。

ボートでしか届かないラインなどは積極的に回収します。

今のSNS全盛時代ではTVなどで見えるところでやると「かっこつけやがって」と叩く人がいるらしく、TVではディレクター判断でカットされてしまいますが、僕はスタンドプレーと思われてもいいから、回収する姿を放映してほしいと思っています。

また、ライン回収することで次に来る人が二次災害（さらにそこに引っかかること）を防ぐこともできます。

さらに根がかりでルアーを失うとその分、湖底のゴミになるので、それ以上の拾えるゴミを罪滅ぼしに拾います。

それをマネをする人が増えた方が、釣り場が綺麗になるからいいですよね。

どうせなら地元に釣り人が来てくれて綺麗になったと思われた方がいいに決まってます。

さらに、特におかっぱりなどでは、地元の方、散歩している方にできるだけ挨拶するようにしています。

いかつい偏光グラスをかけて無言で「怖い。気持ち悪い」と思われるよりずっと印象がよくなると思います。中には釣り場を教えてくれる人もいます。

釣り場で先行者がいても同様です。

「この先行ってもいいですか？」と伝えて無視されても、「ああ、この人は機嫌が悪いんかな？」「近づいてほしくないいんだな」と判断し、違う場所へ行きます。

「どうぞ！」と言ってくれたら「ありがとう！」と行かせてもらいます。人によって近すぎると思う感覚が違うので、ひと声で判断し、お互いが気持ちよく釣りをできるようにしています。

あとは他の釣りや他の遊びなどを邪魔しない意識を持つこと。

例えばヘラ釣りは引き波などに最大限の注意をしてエレキでのデッドスロー走行をします。レガッタなどを見かけたらスローで引き波を立てないボート走行を心がけています。

これはマナーというより自分の引き波による転覆事故防止で、他者の命に関わる問題です。

これからも釣りを楽しむためには

基本は「自分がやられたら嫌なことを他人にしないこと」。

家の前にずっとクルマを止められたら迷惑。庭にゴミを捨てられたら迷惑。朝っぱらから大声で騒がれたら迷惑。並んでいるのに割り込みされたら嫌な気分、あるいはもめる。

そんな普通のことにいつも思いを巡らすことが、バス釣りにおいてのマナーの基本です。

僕はプロアングラーとしての立場上、ルールやマナーを啓蒙していく立場にあるので、「知らないこと」を知ってもらうことも大事だと思っています。

知らないでマナー違反は罪なこと。それは釣り場の減少、立ち禁、釣り禁を増やすことに直結するからです。

僕は釣り場がルール違反やマナー違反で無くならないことを留意しています。

一刀両断

A

「自分がやられたら嫌なことを他人にしない」。

一刀両断 Q

上達の心得⑩

バス釣りを楽しむ真髄

釣りをしていて一番楽しい瞬間は?

バス釣りは試行錯誤の繰り返し

釣りをしていて一番楽しい瞬間は、人それぞれで、経験やスキルによって異なるものです。僕も生まれて初めて釣ったバスは僅か23センチほどでしたが、中学生の初心者にとっては、それは最高の瞬間であり、いまだに思い出になっています。

それから数10年、今は「分かった!」と思えた時が最高の瞬間です。

バス釣りには定石、例えばシーズナルパターンなどがありますが、定石だけでは釣れない時も多々あります。

定石プラス自分なりの仮説を立てて、場所(タイプオブスポット)、釣り方、ルアー操作(タイプオブメソッド)、ルアーの種類(タイプオブルアー)を試行錯誤して行き、正解にたどりつけた時が一番楽しいと感じとれる瞬間です。

それは多くの場合、でかバスが答えとなります。

バス釣りは比較的、正解のパターンの再現性が高い釣りですが、気象条件、タイド（潮位）、流れなどで刻一刻と正解が変わって行く釣りでもあります。

そういった変化する状況の「その時」を捉えて今最高の結果が出せた時が「分かった！」と思える瞬間です。

その時最高のスポットで最高の反応を示すルアーが分かったら後は釣るのみです。

例えば、でかいバスが色々なルアーで入れ食いになったら、単純に楽しいですがそれは場所のポテンシャルに左右され、時期もバッチリでバスの活性が高い時なので、少々プレゼンテーションが間違っていても、ルアーが少々が違っていても釣れてしまいます。

いわば簡単な状況です。それはそれで楽しいです。

厳しいコンディション下で釣ったバスの価値

でも、それよりも本当に釣れない時期や場所で、自分が信じたルアーやメソッドで会心のプレゼンテーションができた時、初めて来るバイト、そしてそのバスを獲った瞬間はまた最高の瞬間でもあります。

苦労すればするほど喜びは爆発するもの。

ロケなどでは、苦戦して追い込まれて最後の最後に、いわゆるドラマ魚を出した時には、思わず叫んでしまいます。

それは紙一重の魚です。

紙一重でのギリギリの勝負に打ち勝った喜びが全身を貫き、魂を揺さぶります。

この歳になると日常生活で叫んだり、ドキドキすることがめっきり少なくなりますが、バス釣りでは非日常の感動とドキドキ感が何年やってもいまだに味わえます。

たまらないです。

また、開発者としての立場で言えば、試している道具、例えばルアーで明らかにバスの反応が違ったり、でかバスが狂ったようにバイトして来ることがたびたび起こったりしてくれた時です。

不安だった気持ちが自信となり、それが確信に変わった瞬間は、仕事として一番楽しい瞬間でもあります。

これは自分でルアーをハンドメイドしている方にも同じ喜びがあるはずです。

そして、狙って獲った魚は記憶に残ります。

「絶対におる」と信じた難攻不落に見えるスポットに、狙い澄ましたルアーが神のごとく吸い込まれるように入った時にはすでに鳥肌が立っています。

「来る！」と予感しているからです。

その直後、バイトがあった時などは、しびれるような感動を味わえます。

まさしく「おったなぁ！」ですわ。

そのしびれる感動を何度でも再現するために試行錯誤して、「分かった！」と思えるまでの過程がバスフィッシングの醍醐味だと僕は思っています。

A 一刀両断

「分かった！」と思える瞬間がバス釣りの最高の楽しみです。

本著は『ルアーマガジン』(内外出版社発行)の連載「菊元俊文のバス釣りQ&A 一刀両断」に加筆修正し、構成したものです。年数や商品名などに関しては掲載当時の内容に準じています。

カバーデザイン 四方田 努(サカナステュディオ)
本文デザイン・DTP サカナステュディオ
カバー写真 ルアーマガジン編集部

菊元俊文

きくもと・としふみ　1963年生まれ、大阪府出身。エバーグリーンインターナショナルのプロデューサーとしてルアー・ロッドなどを開発。テレビ・雑誌など多くのメディアにおいても、バス釣りの楽しさを伝えるプロアングラーとして活躍する。ダイナミックなスタイルを駆使してでかバスを釣り上げるスタイルと親しみやすいキャラクターは幅広い層のファンに支持されている。日本バストーナメントのトップカテゴリー「JBワールドシリーズ」(現JB TOP50) 1997年初代年間チャンピオン。

ルアマガブックス 008

バス釣りの悩みをわかりやすく解決!

一刀両断

発行日　2020年4月27日　第1刷

著　者　　菊 元 俊 文
発行者　　清 田 名 人
発行所　　株式会社 内外出版社
〒110-8578　東京都台東区東上野 2-1-11
電話　03-5830-0368 (販売部)

印刷・製本　中央精版印刷株式会社

©Toshifumi Kikumoto 2020. Printed in Japan
ISBN 978-4-86257-518-0

本書を無断で複写複製(電子化を含む) することは、
著作権法上の例外を除き、禁じられています。
また、本書を代行業者等の第三者に依頼してスキャンやデジタル化することは、
たとえ個人や家庭内の利用であっても一切認められていません。
落丁・乱丁本は、送料小社負担にてお取り替えいたします。